华南山区高速公路生态选线技术研究

华开成 王赵明 赵 明 著

人民交通出版社股份有限公司

北京

内 容 提 要

本书基于现有公路选线的相关理论和技术方法，针对华南山区高速公路路线生态评价，开展了建设环境分析、生态选线方案评价指标体系研究，生态选线方法研究，并且依托广东惠清高速公路开展实例分析，总结工作成果和经验。

本书可为公路建设、设计从业人员提供参考。

图书在版编目(CIP)数据

华南山区高速公路生态选线技术研究／华开成，王赵明，赵明著.—北京：人民交通出版社股份有限公司，2024.1

ISBN 978-7-114-18633-2

Ⅰ.①华… Ⅱ.①华…②王…③赵… Ⅲ.①山区道路—高速公路—公路选线—环境生态评价—研究—华南地区 Ⅳ.①U412.36②U412.24

中国国家版本馆 CIP 数据核字(2023)第 030116 号

Hua'nan Shanqu Gaosu Gonglu Shengtai Xuanxian Jishu Yanjiu

书　　　名：	华南山区高速公路生态选线技术研究
著 作 者：	华开成　王赵明　赵　明
责任编辑：	张维青　朱明周
责任校对：	孙国靖　刘　璇
责任印制：	刘高彤
出版发行：	人民交通出版社股份有限公司
地　　　址：	(100011)北京市朝阳区安定门外外馆斜街 3 号
网　　　址：	http://www.ccpcl.com.cn
销售电话：	(010)59757973
总 经 销：	人民交通出版社股份有限公司发行部
经　　销：	各地新华书店
印　　　刷：	北京建宏印刷有限公司
开　　　本：	787×1092　1/16
印　　　张：	6.25
字　　　数：	105 千
版　　次：	2024 年 1 月　第 1 版
印　　次：	2024 年 1 月　第 1 次印刷
书　　　号：	ISBN 978-7-114-18633-2
定　　价：	40.00 元

(有印刷、装订质量问题的图书，由本公司负责调换)

前　言

我国近70%的国土为山区。在生态承载力薄弱、地形条件复杂的山区，选择一条生态适宜的路线是交通运输、地理学及生态学共同关注的热点。路线是公路的骨架，路线的选择和布设质量关系到公路本身功能的发挥和在路网中的作用，关系到能否满足社会、政治、经济、国防和长远发展等方面的要求，关系到公路的运输效率、工程投资、运营费用和安全舒适性。公路选线面对的是一个复杂的社会环境和自然环境，需要综合考虑众多要素，协调各方面的关系，满足相关的法律、规范要求。作为公路建设中关键的一步，选线被视为公路设计中最重要的一环。公路选线成功，则公路可成为社会、经济发展的助推器；否则，会成为制约地区经济发展和交通网络效率的瓶颈。

我国的高速公路建设不仅是交通基础设施建设的重要组成部分，且能为当地带来较大的经济和社会效益。但在高速公路的建设过程当中，对周围环境可能造成水土流失、植被破坏或生态平衡等方面的不利影响。这就要求在高速公路建设前期进行生态选线时，坚持生态优先、可持续发展的理念，规避各种环境敏感问题。因此，非常有必要在设计选线阶段，即整个高速公路工程建设的初期阶段，就将公路对生态及环境的影响考虑进去，将选线工作与生态适宜性、环保工作相结合，充分考虑高速公路建设和运营对周边生态系统及环境要素的影响，经过严谨的研究设计，综合考虑高速公路建设及运营中的各类问题，减轻对环境的影响，使得高速公路建设与生态环境融为一体。

为此，本书基于现有公路选线的相关理论和技术方法，总结工作成果和经验，并跟踪国内外生态选线前沿技术，为华南山区高速公路建设做出一些支持。

限于作者水平，书中难免有疏漏之处，恳请广大同行与读者指正。

作　者
2022年12月

目 录

第1章 绪论 1
  1.1 研究背景及意义 1
  1.2 国内外相关研究进展 3
  1.3 研究目的 8
  1.4 主要内容 9
  1.5 技术路线 10
  1.6 主要成果 12
  1.7 本章小结 12

第2章 公路生态选线研究综述 13
  2.1 相关概念与理论 13
  2.2 公路生态选线研究 17
  2.3 公路生态选线方法 27
  2.4 本章小结 28

第3章 华南山区高速公路建设环境分析 29
  3.1 地理位置 29
  3.2 地形地貌 29
  3.3 气候气象 29
  3.4 水系特征 30
  3.5 土壤 30
  3.6 植被 30
  3.7 本章小结 30

第4章 华南山区高速公路生态选线方案评价指标体系 31
  4.1 评价指标体系的构建原则与方法 31
  4.2 评价指标体系的建立 33
  4.3 评价指标选择及定量研究 36

4.4　评价指标的权重赋值 ··· 40
　　4.5　本章小结 ··· 42
第5章　华南山区高速公路生态选线方法 ·· 43
　　5.1　华南山区高速公路选线特点 ·· 43
　　5.2　华南山区高速公路生态选线原则 ·· 44
　　5.3　华南山区高速公路生态选线方法 ·· 46
　　5.4　华南山区高速公路生态选线的对策 ··· 54
　　5.5　华南山区高速公路生态选线方案评价方法研究 ······································· 56
　　5.6　华南山区高速公路生态选线的步骤 ··· 63
　　5.7　本章小结 ··· 65
第6章　工程实例分析 ·· 66
　　6.1　工程概况及方案介绍 ·· 66
　　6.2　生态调查与数据采集 ·· 72
　　6.3　路线优选与评价 ·· 81
　　6.4　本章小结 ··· 87
第7章　结论 ·· 88
　　7.1　结论 ·· 88
　　7.2　展望 ·· 88
参考文献 ··· 90

第1章 绪　　论

1.1 研究背景及意义

1.1.1 研究背景

随着社会经济的快速发展,公路美学、公路同生态环境的融合、生物多样性保护和环境敏感区保护越来越受到重视。

2019年9月,中共中央、国务院印发了《交通强国建设纲要》,明确建设集约节约、低碳环保的交通基础设施,提出要在交通基础设施规划、建设、运营和养护全过程中贯穿生态环保的理念。在前期规划阶段和具体施工过程中,避让耕地、林地、湿地等具有重要生态功能的国土空间,推进生态选线选址,建设绿色交通廊道。《绿色交通"十四五"发展规划》指出:"强化交通建设项目生态选线选址,将生态环保理念贯穿交通基础设施规划、建设、运营和维护全过程,合理避让具有重要生态功能的国土空间。"《推进交通运输生态文明建设实施方案》指出:"严格遵循主体功能区和生态保护红线等空间管控要求,将生态保护理念贯穿于基础设施规划、建设、运营和养护全过程。重点推进生态选线选址,降低交通基础设施建设和运营对生态环境的影响。"《交通运输部办公厅关于实施绿色公路建设的指导意见》指出:"推行生态环保设计。加强生态选线,依法避绕自然保护区、水源地保护区等生态环境敏感区。"

从经济上来看,公路建设同沿线地区的社会经济发展、生态环境保护和人民的生命财产安全等都息息相关。同时,作为社会经济发展的重要基础设施,公路不仅是保障人员和物资安全、快速流动的通道,也是大范围、大尺度上的景观廊道。

尤其是我国华南山区,地处亚热带区域,生物多样性丰富,地表水系发达,环境敏感区分布密集。在公路设计阶段,进行有效的生态选线,可以对沿线环境敏感区的重点路段进行保护,并为避让方式、穿越方式的选择提供科学的依据。

1.1.2 研究意义

1.1.2.1 理论意义

当前,我国公路,尤其是高速公路的建设处于高峰期,但针对生态选线的理论、方法及技术体系等缺乏深入研究,选线指标不全面,欠缺科学的定量分析,选线方法较为主观,严谨性和科学性不足。我国对于公路选线的研究主要集中于路线环境比选、环境影响评价等方面,对于生态选线理论及方法的研究还较缺乏。

针对理论及方法缺失的问题,本研究在生态适宜性评价、公路选线指标体系研究的基础上,总结不同类型的生态选线方法和生态选线要素,筛选适宜华南山区高速公路生态选线的方法,构建华南山区高速公路生态选线方案的评价指标体系,综合性更强,选线方法更合理,拓展了已有公路生态选线研究的理论体系。

1.1.2.2 实际意义

本研究基于广东省惠州至清远高速公路(以下简称"惠清高速公路")生态选线、建设的现实需求,开展华南山区高速公路生态选线技术研究,从生态选线理论研究、指标体系构建、选线方法形成及具体应用方面开展研究与示范。

广东省高度重视公路建设的绿色和生态,并于2017年相继印发了相关方案和指南,要求在公路建设过程中,基于科学论证,合理确定技术标准和建设规模,在深入调查和保护生态敏感、脆弱等地区的基础上,进行公路选址和公路建设。从地势上来看,惠清高速公路位于南岭山系东端,中、低山和盆地相间,中部以丘陵和低山为主,而西部主要是冲积平原和低山丘陵,整个区域内丘陵、低山、中山和盆地交错分布,沿线地貌主要是剥蚀残丘。总体来看,惠清高速公路所在区域地形地貌复杂多变。从气候上来看,惠清高速公路所在地区春季潮湿,夏季炎热,秋季干爽,冬季干燥,常年雨量充沛,属亚热带季风气候,光照充足,风调雨顺。年最大降雨量范围为2779.7~3139.0mm,多年平均降雨量范围为2104.5~2284.8mm。然而,由于雨量充沛,当地常出现特大暴雨,范围大、持续时间较长的暴雨常诱发山洪或山体滑坡等地质灾害。惠清高速公路穿越多个自然保护区,包括清新太和洞县级自然保护区、太和洞省级森林公园、从化五指山景区等森林公园、生态严控区,环境极其脆弱,建设、运营过程中的水土流失以及噪声、烟尘、废水和垃圾等势必对环境造成较大的破坏和污染。

因此，在项目建设过程中，一方面要满足人民群众对于高速公路建设的基本要求，做到安全为先，并提升高速公路运输服务质量；另一方面，要更多地强调生态和景观的自然协调，采取适当措施提升高速公路的美学性。

1.2 国内外相关研究进展

1.2.1 生态选线设计理论

公路建设生态环保一直是世界各国的热门研究领域。发达国家从20世纪30年代起就已经开始关注公路建设所带来的生态影响等方面的问题。此后，经过50多年的发展，国外开始建立与公路环保有关的法律体系和机制，着重强调在公路建设的同时减轻对自然环境以及生态系统的影响。近年来，随着对于公路建设过程中的环境保护问题的重视，一些发达国家开始了公路建设工程环境保护技术的研究工作。例如，美国的《地面交通效率方案》(1991年)和《21世纪交通权法案》(1998年)便对公路建设过程的环境保护和生态问题进行了强调，并要求在施工过程中按照规定的技术措施和操作手段进行建设，以平衡建设和生态环境保护。在这一背景下，有关施工单位的生态保护意识逐渐从被动变成主动。在1992年，为了推进美国路域植被恢复工作，生物工程技术等相关内容被添加进《美国土木工程施工指南》一书中。

随着景观生态学理论的发展，其基本原理与方法被充分应用到建设项目的规划设计中。在生态、植物、土壤、地理、公路工程等领域研究与设计人员的共同参与下，公路选线规划、土地利用、美学评价等方面取得了大量的研究成果，并在实践中广泛推广，目前已开始研究路网规划对生态环境保护的影响。

自20世纪90年代中期我国大规模开展公路建设工程以来，"环保、生态、可持续"逐渐成为公路建设的重要考虑因素。然而，设计周期较短、设计理念陈旧以及建设速度飞快等原因，使得我国公路建设，尤其在部分环境敏感区，依然存在一些突出问题。因此，交通运输部采取了一系列措施对公路建设理念、技术、设计标准等进行了规范，以贯彻全面、协调、可持续的发展战略。例如，在2003年，四川省和原交通部联合组织了川主寺至九寨沟公路改建示范工程;该工程完工以后,以其为典范,在全国开展了公路勘察设计典型示范工程活动,在全国范围内选取了 30 余个典型项目。2005 年 9 月,在全国勘察设计会议上提出"六个坚持、六个树立"的公路勘察设计新理念,并成为随后开展公路勘察设计工作的指导方针。尽管如此,原则性的规定、较为宽泛的设计原则和操作程序等,在当前公路勘察设计过程中给设计人员的执行带来不便,是亟待解决的重要问题。

1.2.2　公路建设生态保护方法

为了使公路建设尽可能地与沿线的自然环境相融合,并在此基础上承担运输和一定的环境协调功能,以英、美、日、韩、德、法等为代表的发达国家在公路建设初期就非常重视公路沿线建设工程的生态景观问题,并于项目建设初期就将环境协调、交通运输以及生态景观和美化等功能体现在项目设计计划书中。

例如,美国在 20 世纪 30 年代就在公路工程建设中提出了生态景观恢复的设计理念,并开始尝试进行公路边坡生态景观的设计与重建。随后,Moorish 和 Harrison 先后进行了公路边坡种草实验。为了保护公路沿线的风景和生态,1965 年美国国会通过的《联邦公路美化法案》中规定,每年政府将投入 1.2 亿美元用于公路沿线的风景美化和艺术化建设,取消公路沿线废弃物堆场,并严格管制沿线广告牌和路牌等的数量。在公路建设的绿化标准、自然景观保护准则、景观和公路的协调性、公路美学的综合策划、公路沿线种植植物种类的选择和养护等方面,美国佛罗里达州制定了《公路景观设计指南》,进行了相应的规定。为了促进公路沿线的生态恢复,以及保证人与自然的协调和统一,美国做出了有关规定,如在公路建设过程中占用的湿地面积将在后期进行补偿建设,以保证湿地生态功能不受影响,尽最大可能还原原有的自然生态景观,把对自然生态的破坏降到最低,保证公路的运输功能及自然生态的和谐统一。美国政府不仅要求公路建设部门重视公路沿线的生态景观建设,还积极鼓励民众参与公路的生态环境和景观建设过程中。

自 20 世纪 30 年代修建高速公路以后,德国便一直对公路沿线生态景观保持高度重视。德国的环保法规定,在公路建设初期的设计阶段,必须考虑公路沿线的地形地貌、生态和环保问题等;公路的建设过程需要遵循有关法律法规,采取合理手段,在建设过程中强调保护自然生态和景观;确有必要进行生态破坏的区域,在项目建设后期,采取营造生物群落、建设生态桥等生态补偿措施。生态补偿措施还需考虑到原有生态的多样性和特殊性,尽最大可能恢复原有生态的群落功能,最小化公路使用对生态的影响。采取技术手段汇集雨后路面的水流进行沉淀和净化,以减轻对路基、路堑、涵洞等的侵蚀作用。公路设计中要考虑噪声防护和排水设施等,将对生态景观的影响降至最低。在20世纪70年代,汉斯·洛伦茨在《公路线形与环境设计》一书中,从多角度对于公路线形设计以及景观协调的问题进行了阐述。

日本在公路绿色建设方面有独特的经验,尽管其起步比美国晚,但发展速度较快、技术水平较高,对我国有重要参考价值。日本公路建设中,基于以人为本、尊重自然的理念进行公路沿线生态景观的恢复工作。1992年,为促进公路沿线的生态景观建设,日本专门成立了委员会,研究公路沿线的生态景观现状,植物、昆虫、鱼类、生态等方面的专家协同政府和公路建设集团共同思考如何在公路建设过程中最大限度减小对沿线生态和自然环境的破坏。日本在公路坡面的恢复和绿化、保护公路沿线湿地和地域环境以及建设公路沿线生态自然栖息地等方面拥有丰富的经验。近几十年来,日本的生态景观恢复技术和理论不断完善和发展,是当前全球公路沿线生态景观恢复和绿化设计理念的典型。

加拿大的公路建设理念则是恢复自然、尊重自然。譬如,建设项目尽量绕开森林或湿地等重要生态景观区域;施工前,在动物经常出没的地区建设动物通道,以减轻公路建设对沿线地区动物栖息地的影响;确有必要的情况下,建设国家自然公园,为动物提供栖息环境;公路的线形设计基本按照原地貌,避免高填和深挖。此外,加拿大政府采取一系列措施,将公路建设与周围环境融为一体,尽可能减少建设过程中的人工痕迹,并在建设完成后对原有的群落和生态环境进行恢复,在保证行车过程舒适和安全的同时,减少公路建设对沿线自然生态景观的破坏。

1.2.3 基于3S[①]的公路选线方法

最早于20世纪末,日本开始将航空地图应用于公路设计。在日本最新研发的STRAX勘察设计软件中,公路沿线的地图可被转换成矢量化文件,并可以在软件中进行

[①]3S 指 GIS(地理信息系统)、RS(遥感)、GPS(全球定位系统)。

三维呈现。该软件可分析沿线农田、河流、房屋,计算土石方工程量,加入模拟的桥梁和汽车,确定最优建设方案。澳大利亚运用 Quantm 软件进行路线的三维辅助设计,该软件在计算机和遥感影像的协助下,能够直观地对建设计划进行比较,将社会、经济、环境等要素考虑在内,确定高标准的公路设计方案,在一定程度上节省了规划时间,提高了建设的效率,减少了公路建设初期的规划费用。例如,进行悉尼到堪培拉的高速铁路最优路线选取时,通过运用 Quantm 软件,将中标金额优化 40%。

总之,国外公路建设行业已从注重生态恢复技术转变为注重生态环境友好设计。先进的设计理念与设计技术,包括 3S 技术等,在公路选线规划、植被保护与恢复设计中已得到大量的应用,使公路路域植被具有多方面的生态功能,保持水土并带给人美的享受。

当前,我国公路建设的重点已从公路沿线环境恢复转向提前主动预防。然而,采用什么技术进行建设,需要综合考虑哪些环境因素和空间因素,如何进行主动预防以及如何把握公路建设与环境之间的协调关系等,均是我国公路建设研究中较少涉及的问题。

尽管我国对于山区高速公路沿线建设所遇到的很多技术问题进行了研究,但受到当地空间和地理环境等因素的限制,已开展的研究具有局限性,缺乏普遍性。

1.2.4 公路生态美学设计

任何一条公路都是独一无二的规划设计作品,具有相应的功能特征、地域特征和文化特征。公路生态美学设计研究经历了以下阶段:

①第一阶段为 20 世纪 30 年代。该阶段可视为公路生态美学设计的初期阶段。德国在修建高速公路时,使用的是较为原始的办法,通过人工手绘透视图来模拟公路完工后与沿线自然景观的协调情况。

②第二阶段为 20 世纪 40—50 年代。在这一阶段,钉质模型和泡沫塑料模型等是公路生态美学设计研究中的常用工具,在能够反映路线高度的铁钉上放置橡皮带模拟建成后的路带,并根据光学原理,人工制作透视图来开展相应的研究。

③第三阶段则是 20 世纪 60 年代至 20 世纪末。在这一阶段,部分发达国家通过制定法律法规,对公路建设初期的环境设计进行了规定,以达到改善原有公路环境的目的。

在这一阶段,美国颁布了《联邦公路美化法案》,德国实施了《道路景观设计规范》(RAS-1980)等,公路生态美学设计有了质的飞跃。

当前,公路生态美学设计研究已取得了巨大的进步,具体体现在设计理念、研究内容、研究体系和设计技术的发展上。

在设计理念方面,研究人员开始注重生态因素对于景观生态体系的影响,通过对公路建设过程中生态要素的分析和研究,达到生态系统主动修复的效果。一些发达国家在这方面做出了很好的尝试:美国对建设所占用的湿地进行生态补偿,保证湿地生态功能的完整;美国还在公路沿线树立带有单位名称的指示牌,表彰对该公路沿线生态保护做出贡献的团体、企业;德国在公路沿线的生态保护、植被管理以及景观设计等方面拥有很多值得借鉴的优秀案例。

在研究内容方面,公路不仅具有运输功能,还包含一定的社会、文化和生态意义,集功能实用、艺术性和观赏性为一体,具有评价主体多元性、构成要素多样性、处理手段多元性以及时空存在多维性等特征。Viles对新西兰的公路景观案例进行了分析,详细地阐述了在绿色公路建设过程中如何根据沿线的环境特征建设公路景观。当地大多数公路建设尽可能在保持原生态环境的基础上开展,避免对自然环境造成较大的影响,强调公路建设的艺术性。

在研究体系方面,开始向系统化方向发展,在追求设计美感的同时,越来越多的研究人员开始把目光投向景观综合体系的评价、评估及管理。从宏观角度,这些研究多注重路段的环境影响评估,整体地分析公路系统对周围一定区域内环境体系的影响,从敏感性、生态原则、经济性指标等方面对公路的环境影响进行评价。现今,我国已经从原来的只能借鉴国外公路景观评价方法及设计经验,发展到已经初步形成成熟的评价体系,且拥有众多技术手段。在公路景观评价方面,我国重点从公路构筑物与周围景观的协调融合性出发,建立了公路景观评价指标体系,制定了寒区公路景观五级评价标准,并结合具体公路建设项目建立了公路景观数据库管理系统,为公路景观评价提供了定量化评价方法,为公路景观优化设计奠定基础。有的研究成果已在我国公路景观设计和相应的建设项目环境影响评定中得到广泛应用,促进了公路景观评价技术的逐步成熟,加快了我国在公路景观评价以及设计技术等方面追赶世界先进水平的速度。

在设计技术方面,交通行业以建设"生态、景观、环保的公路"为建设目标,在公路景观建设领域取得了很大的创新和突破。如:四川的川九路在建设过程中,针对公路路线、景观协调、景观施工和美化技术等方面开展了深入研究;云南思小高速公路在环保景观设计中,在功能定位上展现"安全、环保、和谐",尊重自然规律,在对景观设计进行系统研究的基础上,开发了独特的公路景观设计技术,展现了当地的特色文化,并实现了公路建设与自然生态的有机协调;江西永武高速公路结合公路路线走廊带选择原则,运用3S技术,采用基于高分遥感影像的公路生态景观信息提取方法进行了案例研究,系统归纳了文化层面的旅游公路景观规划技术,提出了感知层面的公路视觉景观规划方法,在对旅游公路设计理念和方法进行总结的基础上,结合永武高速公路设计案例,提出了公路视觉景观设计技术、公路生态景观设计技术、公路人文景观设计技术、公路节点景观设计技术等。

然而,由于我国相关研究的起步较晚,系统全面的、有数据支撑的对高速公路及其周围环境的协调关系以及沿线景观设计问题的研究较为匮乏,视觉心理学、风景园林学科以及景观生态学等相关理论在高速公路建设中的运用也较为滞后。

1.2.5 我国当前公路生态选线存在的问题

我国已提倡开展公路生态选线,并且提出相关要求。但当前公路生态选线的研究和技术还存在诸多不足:

①生态选线的定义、内涵不清,没有形成系统的理论。

②我国幅员辽阔,各自然区域、生态功能区的生态选线指标体系并不相同。

③对生态选线方法和选线原则的争论较大,最低成本选线、经济选线、环保选线尚不能完全满足生态选线要求。

1.3 研 究 目 的

本研究基于广东省惠清高速公路生态选线关键技术的现实需求,开展华南山区高速公路生态选线技术研究,并从生态选线理论、指标体系、选线方法及具体应用方面开展研究与示范。

在生态选线理论方面,面向华南山区高速公路地形地质条件、自然环境和交通廊道空间资源限制等问题,开展选线理论检索并跟踪分析,界定"生态选线"的定义,给出生态选线内涵。

在生态选线指标体系方面,根据高速公路选线对生态环境的潜在影响评估,定量刻画最小生态环境影响,选取主要环境要素及控制性生态因子,并给出生态阈值,构建其主要指标体系。

在生态选线评价方法方面,从环境单要素评价到多维多层次环境要素评价,构建评价模型,形成综合评价方法。

在生态选线技术应用方面,针对广东省惠清高速公路,开展"生态选线理论探索—选线方法—选线技术—选线评价"综合示范。

本研究旨在形成华南山区高速公路生态选线技术,为广东省惠清高速公路建设提供技术支撑,并通过示范工程,为华南山区高速公路绿色设计提供典型示范。

1.4 主要内容

本研究主要围绕惠清高速公路生态选线工作,介绍4部分工作:①公路生态选线理论研究;②构建华南山区高速公路生态选线方案评价指标体系;③华南山区高速公路生态选线方案评价方法研究;④惠清高速公路生态选线工程实例。

1)公路生态选线理论研究

基于生态理念开展公路生态选线理论研究,确定公路生态选线的原则,明确公路生态选线的定义,阐述公路生态选线的内涵及外延。

2)构建华南山区高速公路生态选线方案评价指标体系

在惠清高速公路路域生态系统研究的基础上,以华南山区生态系统为对象,参照生态系统的组成结构、功能和生境,通过无重复双因素方差分析以及主成分分析筛选指标,构建华南山区高速公路生态选线方案评价指标体系。

3)华南山区高速公路生态选线方案评价方法研究

针对华南山区高速公路生态选线所考虑的因素,根据公路线位选择的过程,可分为路线走廊带的选择、路线方案的选择及局部方案的选择,分层次、分步骤形成选线方法。

4)惠清高速公路生态选线工程实例

针对惠清高速公路,开展生态选线理论探索、选线方法应用的综合示范。

1.5 技术路线

真正意义上的生态选线,要求把生态环保要素放到首位,明确生态选线的概念,认真分析生态选线的内涵和要义,仔细考虑项目建设和运营过程所带来的负面影响。生态选线过程是一个较为复杂的、需要进行多层次分析、综合考虑多方面因素的过程。这一过程集决策和设计为一体,需要反复进行优化和修改才能找到最优路线。把生态环保要素放在首位,这样才是真正意义上的生态选线。在公路建设项目前期,全面分析各因素,坚持生态环保的理念,并将其融入项目建设;充分考虑对自然生态的影响,并建立适合的生态选线方案评价指标体系进行评价和研究。最终,根据分析结果,选出多条备选路线方案,并综合考虑环境保护和可持续发展的理念,筛选出最优方案。

本研究的技术路线为:

①明确生态选线相关概念。生态选线的概念要清晰,定义要准确。调研、学习国内外公路常规选线、环境选线、经济选线、绿色选线等的方法,研究生态选线包含的内容和拟采用的方法,从全局考虑生态选线的内涵及外延。

②建立生态选线方案评价指标体系。建立评价指标体系之前,先了解可以用来进行评价的指标,筛选指标因子并且量化,对生态选线方案进行充分评价,拟定相对科学、合理、全面的生态选线方案评价指标体系。

③形成生态选线方案评价方法。目前有多种常见的评价方法,在分析几种常见评价方法的原理和使用范围的基础上,综合分析研究对象,选取方便、高效、科学的研究方法。

本研究的技术路线如图1-1所示。

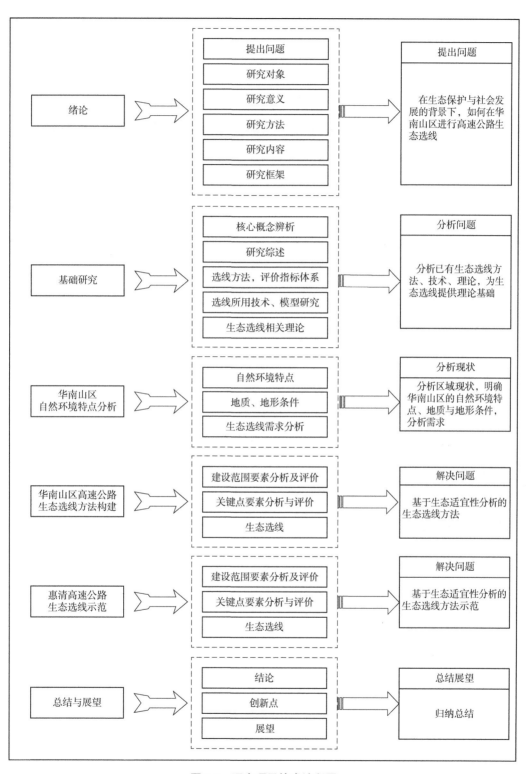

图 1-1 研究项目技术流程图

1.6 主要成果

本研究紧密结合项目特点以及创建绿色公路的技术需求,采用理论分析、关键技术创新、示范工程验证相结合的方法,开展华南山区高速公路生态选线理论和技术方法研究,通过开展基础研究、集成创新和示范应用,解决华南山区高速公路生态选线理论、技术需求和工程问题,取得了如下成果:

①形成了基于多源数据的华南山区高速公路生态本底调查识别技术体系。
②构建了华南山区高速公路建设关键生态环境因子指标体系。
③构建了山区高速公路建设环境敏感区生态影响评价模型。
④通过将模型运用于惠清高速公路"绿色公路示范工程",确定了所提出的指标体系和构建的模型的科学性和实用性。

1.7 本章小结

本章较为深入地分析了生态选线的政策要求和现实需求,从生态选线设计理论、公路建设生态保护方法、公路选线方法、公路生态美学方面检索和跟踪了国内外研究进展。同时,对本书的写作目的、主要内容、主要方法、技术路线以及取得的成果等进行了梳理和探讨,就各专题之间的逻辑进行了阐述。

第 2 章 公路生态选线研究综述

2.1 相关概念与理论

2.1.1 生态学

"生态"这一词语来源于希腊语,原本指的是栖息地或住所。"生态学"的概念在不断地变化。生态学指的是研究生物生存条件,生物及其群体与环境相互作用的过程及规律的科学。我国著名生态学家马世骏将生态学定义为研究生命系统和环境系统相互作用的一门科学。

2.1.2 生态位

"生态位"指的是群落中物体或种群所占据的空间及其与相关种群之间的功能关系与作用。生态位这一概念阐述了物种对食物和空间的竞争状态。根据这一理论,生态系统中的两种生物若同处于一个的生态位且存在竞争关系时,其中一方必然灭亡;当双方占据的生态位不相同时,则不存在直接竞争。根据生态位理论,在开展生态恢复时,要尽量错开拥有相同生态位的物种,以避免种群之间开展直接竞争,防止影响生态系统的稳定性。生态位理论对生态恢复具有重要的指导意义。

2.1.3 生物多样性

生物多样性表征了某一区域内生命形态的丰富程度。生物多样性是生命在形成和发展过程中与周围环境相互制约、相互作用的产物。广义的生物多样性,包括物种、生态系统以及基因和景观的多样性;狭义的生物多样性指的是生物本身所赖以生存的生态环境的多样性。生物多样性受到人类活动的影响,不合理的人为活动会影响到生物多样性。

2.1.4　生态平衡

生态平衡指的是在生态系统的一定发展阶段中,生产者、消费者、非生物环境以及分解者能够较长时间保持系统能量、物质输出与输入的相对动态稳定状态。生态系统中的各组成部分是相对独立又是统一的,既相互关联又相互制约。生态平衡是动态的过程,人类可以根据自身的需要,打破原有的旧平衡,建立满足新需要的新平衡,完善生态系统的结构和功能,促进人与自然的和谐共生。

2.1.5　生态承载力

生态承载力指的是在营养物质、阳光或生存空间等生态因子的组合的某一特定条件下,某种群所能存在的最多个数。这一概念由人类生态学领域的学者 Park 和 Burgess 首次提出。生态承载力包含两层意义:一是指在人类社会发展过程中,一系列的人类活动对自然资源和环境造成影响,并对所在生态系统造成冲击,这也是生态承载力的压力部分;二是指生态系统在人类影响下的自我维持和调节功能,以及资源和环境系统的共存能力。

2.1.6　生态适宜性分析

根据全国科学技术名词审定委员会《生态学名词》一书,"生态适宜性分析"指的是:根据区域发展目标,运用生态学、经济学、地学、农学及其他相关学科的理论和方法,分析区域发展所涉及的生态系统敏感性与稳定性,了解自然资源的生态潜力和对区域发展可能产生的制约因子,对资源环境要求与区域资源现状进行匹配分析,确定适应性的程度,划分适宜性等级,从而为制定区域生态发展战略、引导区域空间的合理发展提供科学依据。

生态适宜性分析是生态规划的核心内容。在分析过程中将定性和定量方法相结合,是实现区域协调发展,平衡保护和开发之间的矛盾,协调区域生态环境的稳定,以及保证生态系统的结构完整性的重要手段。

生态系统服务功能分析、生态敏感性分析是生态适宜性分析的两个重要组成部分。生态系统服务功能指的是生态系统为人类提供食物、原材料、生物多样性、气候调节、环境净化、生存、休闲娱乐以及美学享受等功能。生态敏感性是指在面对自然和人类的干扰情况下,生态系统的变异程度。生态敏感性的高低可以反映研究区域生态环境在面对干扰时恢复平衡的稳定性以及生态恶化或退化的可能性。

生态适宜性分析最早出现于 20 世纪初。生态适宜性受到区域生态系统的气候、水文、地质条件、矿产资源、地形地貌、动植物以及人为因素的影响。20 世纪末,生态适宜性的分析方法被从事生态规划以及相关实践研究的学者运用于公路规划中。麦克哈格将要素叠加法运用到美国里士满林园的路线选择,以及纽约斯塔滕岛的环境评价中。当前已有的生态适宜性分析方法包括逻辑组合法、因素分析法、整体综合法以及数学组合法等。这些方法均采用人工制图法,无法针对每个要素对生态适宜性的贡献程度进行评定;若涉及多个因素,无法评定因素间的差异。

我国对于生态适宜性的研究晚于国外。1986 年,景贵和在《土地生态评价与土地生态设计》一文中,首次将生态适宜性的概念引入国内。此后,生态适宜性分析多应用于农业领域。2003 年,随着原国家环境保护总局《生态省、生态市、生态县建设指标(试行)》的出台,生态适宜性研究转向更多领域。

发展与生态保护之间的关系是区域规划一直关注的问题。生态适宜性分析可以促进土地的可持续发展,并为土地规划、利用提供依据。在知网数据库中,以"生态适宜性"为关键词进行检索,1969—2019 年涉及此概念的论文共有 1971 篇,其中涉及"生态适宜性分析"的有 487 篇,多数学者通过生态适宜性分析,判断植物的适宜种植地、农耕适宜区域等。总的来说,生态适宜性分析主要应用于农业用地、城镇建设用地、旅游区用地、海洋生态系统,仅有少数学者将生态适宜性分析应用于公路选线中。

在农业用地方面:郭笑东等人从生态适宜度出发,构建耕地整治评价体系,为耕地整治提供了依据;欧阳志云等学者以桃江农业的发展为例,建立生态位适宜度模型,辅以地理信息技术系统,对当地的开发和资源的生态适宜性进行了评价,这一模型最终在当地的农业土地利用规划中得到了良好的运用。

在城市建设用地方面:Liu H 进行生态适宜性分析,用以指导城市发展;舒俭民通过研究城市景观动态过程,构建景观水平过程的生态适宜性方法,对城市用地进行适宜范围划分。

在旅游区用地方面,生态适宜性分析可以反映区域自然资源的优势和社会经济发展的潜力。宋帅等人对北京冬季奥运会冰雪项目举办地河北崇礼进行生态适宜性分析,应对生态敏感且十分脆弱的山区生态环境与区域发展间的矛盾,避免自然生态系统被破坏,防止对区域生态安全构成威胁,并确保对开发、建设的有效生态约束;彭健等人对云南大理进行生态适宜性分析,划分优先保护区、综合开发区以及优先发展区;向芸芸分析了黑河中游主要农业绿洲区域土地利用的主要矛盾和制约条件,确定了农业绿洲扩张和生态保护土地扩张两种对立的力量,通过生态适宜性模型识别出该地区农业绿洲扩张的战略版块和辐射通道。

公路在为人们出行提供便利的同时,其建设对生态环境造成了不同程度的干扰与破坏。为将建设对生态环境的影响降到最低,陈朝辉等人对公路选线进行生态适宜性分析,以"生态优先、生态保护与道路建设协调发展"为指导理念,对东山环岛生态旅游公路进行了选线分析,为公路规划及决策提供了科学依据。

近年来,学者们提出了模糊数学综合分析法、生态综合分析法、多因子权重法、地图重叠法等方法,并在地理信息系统(GIS)的空间分析辅助之下进行生态适宜性分析,更加科学有效地进行多变量决策分析。宗跃光等人为弥补生态主导因子与限制因子单独权重叠加的不足,提出了加权的"潜力-限制",进行生态适宜性分析以划分适宜区。如图 2-1 所示,部分学者不仅考虑到生态景观的垂直过程,还基于最小累积阻力模型对适宜区域和敏感区进行提取。黄光宇在生态调查的基础上,对各因子进行分级和评价,并编制了生态因子图,利用地理信息系统技术进行分级分析以确定生态适宜区,其中生态资源因子包括社会、经济、自然等相关内容。

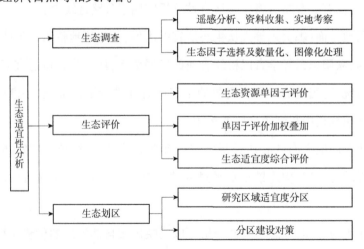

图 2-1　生态适宜性分析流程图

2.1.7 景观生态学

20世纪40年代,德国地理学家Carl Troll将地理学中的水平结构与生态学中的垂直功能结合,构建了景观生态学。目前,景观生态学已成为现代景观规划设计的重要指导。不同学者从不同角度对其进行了研究,运用于土地的评价、利用和规划中,逐渐完善了现代景观生态学的内容。景观生态学是一门协调人与自然关系的交叉学科,对景观资源的可持续发展和生态环境的保护具有重要的现实意义。

2.1.8 生态经济学

生态经济学理论指导人们应如何寻找生态系统和经济系统的平衡和耦合,通过发挥人的主观能动性等实现生产、生活和生态"三生协调"。绿色发展过程中应合理配置各项要素,实现生态经济系统的良性循环。

生态经济系统中,生态和经济两个子系统相互作用、相互影响、相互制约。生态系统为经济系统提供自然资源,作为物质基础;经济系统为生态系统以及自然资源的开发利用与保护创造条件。两个子系统之间存在耦合,但这一耦合关系无法自然完成,必须以人类劳动过程中的物质循环、能量转换和信息传递等作为中介进行整合。

人类对生态经济系统的要素进行合理配置,要遵循五大原则:适度规模、互利共生、同步运行、最大功率以及立体布局。人在生态经济系统中的主观能动性和生态与经济相互作用的双重性表明,生态、经济协调发展的规律具有长期性和滞后性的特点,现代经济社会协调发展的综合目标要使生产发展、生活水平提高、生态改善相统一。

2.2 公路生态选线研究

由于对高速公路生态选线的研究较少,而高速公路生态选线同公路生态选线、铁路生态选线具有一定的共同性,因而本小节针对包括公路生态选线、铁路生态选线在内的交通建设项目生态选线的发展历程开展研究。

2.2.1 交通建设项目生态选线的发展历程

以高消耗、高污染为特征的传统交通发展方式,超越了自然资源与生态环境的承载能力,导致了环境的恶化,留给后代的生存空间和储备越来越少。随着人们对环境保护的日益重视,从世界范围来看,交通政策的新动向之一是强化环境保护,严格控制高能耗、高污染交通模式的发展。传统的交通政策逐渐被绿色交通政策所取代。在建设绿色交通、建设交通设施的同时,确保改善生态环境目标的实现,将原本仅满足交通运输功能的公路建设变为满足工程质量、工程美化以及生态环境保护等复合型需求的绿色生态工程项目。

交通建设项目的建设大致要经历预可研、可研、设计、建设、运营维护等阶段。在这些阶段中,都可以采取相应措施,实现某一程度的"绿色交通"。而在预可研、可研和设计阶段,即针对交通建设项目开展生态选线,并在后续阶段贯彻绿色交通理念、建设绿色交通,则是最佳措施。

公路生态选线最早出现于公路建设项目环境影响评价,逐渐演变为路线环境比选方案的确定工作。赵勇使用农田占用、水土流失量、生物量、滞洪能力、植被覆盖率以及土壤变化6项指标对生态影响进行定量分析,开展不同方案的环境比选工作。江玉林等依托云南大理至保山高速公路,对高速公路选线的环境评价方法进行了深入研究。王恒基于最初的生态选线方法,从强调生态环境保护的角度确定了生态选线的原则:保护自然植被,维持路域生态系统稳定性,保持原有生态系统的连续性,节约土地,恢复生态环境。彭军龙运用生态影响的评价方法,构建了包括水土流失状况、农作物景观、生态工程、占地量以及动物等的评价指标体系,对铁路选线进行了评价。马思将植被保护、生态连续性、生态环境恢复以及节约土地作为考虑因素,选择环境敏感度较低或对环境影响较小的走廊进行路线规划。唐正光等以气候、植被及工程地质条件为指标因子,依托云南昭待高速公路进行了环境选线工作,从地质灾害层次对于云南不同气候、植被条件的公路建设因子进行了调查研究,发现植被条件和气候环境是公路建设与环境实现协调发展的关键所在。张汶伊等提出了风景区道路选线模型,并以周瑜城风景区为例,进行了实证研究,该模型将环境权限与最小耗费距离相结合,提出一个具有明确判断标准且存在较强操作性的旅游风景区道路选线办法。许金良等以植被覆盖率、水环境、地形坡度、土地利用类型和土壤侵蚀程度为指标开展评价工作,针对喀斯特地区开展了公路生态选线工作,使用层次分析法,在确定环境敏感区和非敏感区的基础上,确定了影响较小的路线走廊。程朝辉等以东山环岛公路选线为研究对象,选取多个指标,在对公路用地的适宜性进行评价的基础上,选取额外的指标对研究区的生态敏感性进行评价,借助地理信息系统技术得出公路项目建设的适宜性评价结果和生态敏感性,确定东山环岛公路的最佳生态路线。冯江等从生态承载力的角度,通过构建综合评价指标优化道路选线。付珊珊等在山区生态公路建设技术研究中,认为生态选线设计理念要求选线设计人员除了拥有行业本身的专业知识以外,还应该具有对环境保护的充分认识,如路域范围内土地政策、基本农田保护政策、动植物的基本知识、公路噪声、公路施工和运营期的水污染等。基于AHP-TOPSIS评判模型,谢春玲等根据经济指标、技术指标以及生态环境影响进行赋权,对山区公路路线方案进行了评价。

在环境选线理念得到发展之后,很多学者在其基础上增加了社会、经济要素,演变为绿色选线,即综合自然生态环境保护、社会环境因素、技术/施工难易和经济衡量指标,在不破坏沿线自然生态环境和居民居住环境的条件下,关注带动途经区域经济、社会等的全面发展。中南大学苏卿主持了与铁路绿色选线有关的国家自然科学基金面上项目,首次提出了利用经济手段解决铁路建设环境问题,并实现了利用成本-效益模型分析铁路线路方案对环境产生的影响,成为绿色选线设计的一种新思路。西南交通大学商洁探究了西南山区高速铁路绿色选线方案中密切值法的运用合理性。王明慧基于突变级数法对铁路绿色选线方案进行了优选。上述成果推动了我国环境影响评价理论在铁路建设领域的应用与发展。郑晓燕研究了经济损失量化与铁路建设之间的关系,通过构造铁路选线优化模型,对最小的总成本进行估计,发现环境的经济损失量对于环境的影响这一指标应纳入铁路建设项目中。满迎彬探究了铁路建设对环境所带来的影响,建立了环境经济损失评价体系,采取环境影响评估法进行计算。

本研究总结了环境选线、绿色选线的研究进展,见表2-1。

环境选线、绿色选线方案评价指标体系和评价方法等研究进展　　表2-1

序号	研究者	类型	指标体系	评价方法	依托工程	参考文献
1	张映雪,张起森,陈先义,张重禄	公路环境选线	—	基于背景设计(Context Sensitive Design,CSD)方法进行常吉高速公路自然环境选线研究	常吉高速公路	张映雪,张起森,陈先义,等.基于CSD的常吉高速公路自然环境选线方案优化[J].中外公路,2007,27(3):1-4.

续上表

序号	研究者	类型	指标体系	评价方法	依托工程	参考文献
2	邓汉轩	铁路环境选线	土地节约利用,环境敏感点避让,野生动物保护,水资源保护,森林植被保护,水土流失防治,桥隧比,环保投资,拆迁面积,公众参与程度,景观协调度,节点可达性,区域交通规划协调,农业生态影响,资源节约利用,线路长度,工程投资,桥梁工程数量,隧道工程数量,路基土石方,工程地质条件,地形条件	人工神经网络评价方法	西部山区某铁路	邓汉轩.基于环境选线的西部山区铁路线路方案优选研究[D].成都:西南交通大学,2016.
3	周静	铁路环境选线	线路总长度,桥梁长度,隧道长度,土石方工程量,拆迁工程量,地形地质条件,工程总投资,运营费,换算年费用,土地占用面积,重大地质灾害不良地段,对生态敏感点绕避,噪声与振动影响,吸引客货流的能力,满足地方需求的能力,促进地区经济发展的作用	基于集对分析法的线路方案优选评价方法	昌都至波密段铁路	周静.基于集对分析法的山区铁路环境选线线路方案优选研究[D].成都:西南交通大学,2019.
4	朱珂雨	铁路环境选线	土地征用面积,台风及暴雨气象条件,对生物多样性的保护,对海洋环境的影响,水资源保护,环境敏感点绕避,森林植被资源保护,桥隧比,房屋拆迁面积,旅游规划区对接,城市总体建设规划协调,路网结构布局的改善,对沿线区域经济的带动,对农业发展的影响,线路长度,桥隧总长度,工程实施难度,工程投资总额,路基土石方,软土及松软土地质条件	灰色关联改进的TOPSIS法	汕尾至漳州铁路	朱珂雨.沿海地区高速铁路环境选线方案优选研究[D].成都:西南交通大学,2020.

续上表

序号	研究者	类型	指标体系	评价方法	依托工程	参考文献
5	白鹏飞	铁路绿色选线	线路长度,桥隧总长度,特大桥隧总长度,路基工程量,铁路用地面积,土地征用面积,拆迁工作量,不良地质对生态的影响,植被破坏程度,水资源的污染,施工对生态环境的影响,自然景观,人文景观,文物古迹,民族文化遗产影响,旅客舒适度,修养能力与生产生活,经济内部效益,工程造价,环保投资比,对沿线经济发展的影响,与周围景观的协调程度,对资源综合开发的影响,对旅游事业的影响,对铁路网布局的意义	模糊熵权灰色关联投影的线路优选评价	川藏铁路	白鹏飞.川藏铁路绿色选线方案比选方法的研究[D].成都:西南交通大学,2020.
6	刘子栋	铁路绿色选线	运营长度,拆迁房屋,土地节约利用,生态敏感点避让,野生动物保护,森林植被保护,水环境资源保护,环保投资,桥隧比,水土流失控制,景观协调度,公众参与程度,节点可达性,对沿线地区经济拉动,农业生态,能源资源,工程投资,隧道工程数量,路基土石方,工程地质条件,桥梁工程数量,地形条件	人工神经网络评价法	和顺至邢台铁路	刘子栋.和邢铁路绿色选线的研究[D].石家庄:河北经贸大学,2019.
7	叶礼宁	铁路绿色选线	物种多样性,景观环境,生态系统多样性,噪声,水土流失,水资源,土地占用,振动,区域路网协调性,可达性,环保投资效益,路线总长度,拆迁工程,地质灾害易发性,地质地形条件,桥隧关键工程,最大坡度,对区域经济拉动,工程总投资,运营费用	GRA-TOPSIS灰色关联法	川藏铁路昌达至邦达段	叶礼宁.基于云模型和GRA-TOPSIS的山区铁路绿色选线方案优选研究[D].成都:西南交通大学,2020.

续上表

序号	研究者	类型	指标体系	评价方法	依托工程	参考文献
8	杨文昕	铁路绿色选线	土地资源占用,水土流失,噪声影响,振动影响,电磁环境影响,大气环境影响,污水排放,景观协调度,敏感点避让,社会经济发展,环保投资比	可拓学	四川都江堰至阿坝铁路	杨文昕.生态敏感区绿色选线方案评价及齿轨铁路平面参数研究[D].成都:西南交通大学,2019.
9	王佳琦	铁路绿色选线	野生动物栖息地,水土流失,占用土地资源,不良地质,噪声,振动,大气,水环境,景观,固体废弃物,农业,工业,交通,基础设施,项目经济效益,征地拆迁,文化教育,人均收入,医疗卫生	建立环境影响综合强度公式	京津冀城际铁路网	王佳琦.铁路绿色选线环境影响的评价研究[D].北京:北京建筑大学,2016.
10	郑小燕,吴小萍,杨晓宇	铁路绿色选线	环境影响经济损失,声影响经济损失,生态环境影响经济损失	GRASDSS平台	津秦铁路	郑小燕,吴小萍,杨晓宇.铁路绿色选线环境影响的经济分析研究[J].环保科技,2006,12(4):12-15.
11	苏卿	铁路绿色选线	耕地占用,水土流失,森林资源,草场资源,野生动物,野生植被,噪声振动,大气污染	建立考虑环境成本的铁路建设项目成本-效益分析模型并研发平台	武汉化工新区铁路专线	苏卿.铁路绿色选线环境影响经济损失评估的研究[D].长沙:中南大学,2009.
12	周莉莉	铁路绿色选线	环境保护费用,水土流失损失,植被资源损失,环境污染治理费用,生产力损失,动物资源损失,声环境损失,环境管理费用,景观环境损失	建立环境费用-效益分析模型并研发平台	海天至青岛铁路	周莉莉.铁路绿色选线环境影响经济损益评估研究[D].长沙:中南大学,2012.
13	商洁	铁路绿色选线	土地占用面积,水资源的污染,水土流失,植被破坏度,对生物多样性的影响,生态敏感点避让,桥隧比,拆迁安置面积,节点可达性,周围景观协调度,沿线经济据点分布情况,投资效益,线路长度,借用土石方,环保投资比,工程造价	基于密切值的绿色选线方法	成都至绵阳至乐山客运专线	商洁.西南山区高速铁路绿色选线方案优选研究[D].成都:西南交通大学,2012.

续上表

序号	研究者	类型	指标体系	评价方法	依托工程	参考文献
14	郑小燕,吴小萍,杨晓宇	铁路绿色选线	景观影响,噪声影响,生态环境影响	—	宜杭线增建第二线工程	郑小燕,吴小萍,杨晓宇.环境影响经济分析在铁路绿色选线中的应用[J].西安建筑科技大学学报(自然科学版),2006,38(4):585-589.
15	杨柳,张帆,周盛,衷平	公路绿色选线	高程,坡度,土地利用方式,栖息地类型,汇水区和水系,生态保护红线,文物保护单位、自然保护区	基于3S的生态适宜性评价方法	德州—上饶高速公路	杨柳,张帆,周盛,等.基于3S技术的公路绿色选线方法与实践[J].公路,2020(4):74-78.
16	王立,云凌,徐重岐,曾俊伟	公路绿色选线	自然景观,人文景观,施工噪声,车辆运行噪声,车辆鸣笛噪声,社会经济发展,环境质量,土地资源,自然资源的持续开发和利用,动植物资源,农作物,污染控制和防治,水土流失	层次分析法	—	王立,云凌,徐重岐,等.基于多层次灰色关联度分析的公路绿色选线研究[J].公路工程,2016,41(5):28-32.
17	崔精,胡凯	公路绿色选线	地形地貌,水文地质	—	广西隆安至硕龙高速公路	崔精,胡凯.岩溶地区高速公路选线设计——以广西隆安至硕龙高速公路为例[J].工程建设与设计,2020(7):113-115.
18	李杰,薛正年,杨宏志,杨少伟	公路生态选线	土地利用类型,石漠化指标,地形地貌,岩溶水体富水性,植被分布	基于RS和GIS	—	李杰,薛正年,杨宏志,等.基于RS和GIS的岩溶地质公路选线生态评价方法研究[J].公路,2018,63(6):220-226.

2.2.2 公路生态选线理念

公路生态选线理念是公路选线的总体思路、指导思想,是公路生态选线的原则,是公路选线工程技术人员的辩证思维意识,是公路产品的精髓和灵魂,是一个公路项目的生命和活力所在。

公路选线是公路建设项目前期决策的关键环节,确定的线路方案是否合理、能否与沿线环境协调,不仅关系到该路线能否顺利建设完成,还会影响公路投入运营后产生的经济效益和社会效益,一定程度上决定了公路建设的总体目标能否顺利实现。随着经济和社会的发展,公路的技术标准不断提高,选线的技术和理念也在不断发展。在传统的技术经济选线基础上,先后提出了规划选线、绿色选线、环保选线、资源选线等新的选线理念。这些新的选线思路和理念有一个共同点,即都强调公路建设不能只考虑公路本身的技术经济特性,而是要从全局出发,注重公路与沿线自然环境、经济布局、社会发展的协调性,使得公路建设带来的综合效益达到最大。

本书所指的生态选线,是对环保选线、绿色选线的进一步拓展,即在项目建设之前,本着"生态优先"的原则,综合自然生态环境保护、社会环境要素、技术施工难度及资金投入情况进行选线工作,以最少的自然生态环境和社会环境代价,带动路线所经区域经济、社会全面发展。具体来说,根据项目沿线地区的整体环境特点,制订一套可行的评价制度和选线方法,进行全面评价,综合优选,确定最优路线,实现环境、经济、社会的共同发展。

根据沿线地区的整体环境特点,从区域尺度着手,结合路线沿线的地形、地貌、水文、地质等自然条件和各种环境敏感点的位置分布,进行生态适宜性评价,从而确定路线走廊带,协调路线与环境敏感区的关系,得出可行的路线方案后进行综合优选,最终确定路线的空间位置,把公路建设对周围环境的不利影响降到最低,促进人与自然和谐发展。

公路生态选线理念是多重交叉且不断发展的,主要由全局战略、生态优先、以人为本、量体裁衣、营运安全、生态景观等基本理念组成。

1) 全局战略理念

全局战略理念是指站在社会、经济发展和公路路网建设的高度,结合远近期发展的需要和规划以及长远的社会影响、环境影响。公路选线方案应综合考虑项目的总体影响和长远利益,公路建设要强调其社会影响力和促进作用。只有关注当下且目光长远,才能较好地指导工程技术人员开展选线。树立全局战略理念,应具备路网服务意识、综合统筹意识、投资回报意识、发展机遇意识四个基本意识:

①路网服务意识:在公路的规划设计研究中,应该综合考虑公路路网的运输水平和路网结构,确定公路的运输效益。通过将建设项目视为路网单元,在分析过程中综合考

虑路网结构、项目容量以及路网地位等方面的影响,实现路网综合效益的提高。

②综合统筹意识:在公路建设前期选线阶段,不仅要充分考虑到工程的建设条件,还要兼顾总体设计理念,以微观设计为基础,采取专业、协调、配合的手段,协调各部门合力运作,统筹各行各业的协调和沿线经济发展。在满足公路标准的条件下,避免与城镇规划、环境敏感区发生干扰,以求既能满足公路自身发展的需要,又能带动、促进地方经济发展和实现保护环境的目标;应兼顾国家、地方、公路的关系,使社会效益和经济效益得到完美的统一。

③投资回报意识:投资是一项商业活动,投资的目的是追求效益和回报。公路作为基础设施,服务对象是社会,投资的主体是国家和地方政府。虽然公路建设追求的不是直接的经济效益,但是公路建设需要保障基本的投入有所回报。而这些回报主要体现在公路的经济实用性、安全性、美观性和合理性等方面。因此,在公路建设过程中,应综合考虑经济实力、项目特点以及项目建设规划,合理选取建设技术标准。

④发展机遇意识:公路是社会经济发展的产物和基础,是社会物资流通的基础设施,其建设的步伐、规模受社会经济的发展、国家财政政策和经济实力影响较大。

2)生态优先理念

公路建设要秉承生态优先的理念,坚持保护动植物资源、保持水土环境,将长远利益与眼前利益相结合,使公路建设与生态环境相协调,实现局部和整体利益的平衡;避免走进为了建设而建设的困境,不能通过牺牲生态环境促进经济发展;既符合当前社会发展的需要,又满足未来社会发展和人类生存的要求,慎重取舍公路选线方案和工程措施。树立生态优先理念,不仅能潜移默化地提高设计人员的环境保护意识、树立可持续发展观念,而且能提高公路选线的艺术品位,使工程技术人员从一个"土木泥水匠"脱胎为装扮自然的"园林师",成为人与自然和谐共存的"桥梁"。践行公路选线生态优先理念,要求具备生态环境保护优先的意识,尽量保留天然的一草一木,做到人文景观与自然环境和谐、工程与植物防护相结合。

①生态优先意识:在进行公路选线时,应该把生态优先作为准则,综合考虑公路建设对沿线生态环境的影响,选择最优的公路规划方案,采取适宜的建设措施。例如,在选线中避让保护古树,建设桥梁以保护原始森林,为野生动物提供通道。

②环境保护意识:环境是人类和人类社会生存、发展的基础。在公路选线时,应借鉴

以往的案例,秉承环保意识,吸取以牺牲生态换取经济效益的教训,选取对沿线环境影响程度最低、影响范围最小的路线,最大限度保持生态的完整性。

③人与自然和谐意识:人类是大自然的一部分。要想实现人与自然的和谐共处与共生发展,需要秉持可持续发展理念,在公路选线过程中注重生态保护,强调公路建设与自然的融合,减少建设痕迹,尽可能建设人、车、景相协调的公路。

④环境恢复意识:在公路建设过程中,不可避免地会对生态环境带来一定的破坏。因此,在公路建设过程中,应该本着工程措施与生物措施相结合的原则,采取生态的手段,以环境保护为准则,将公路建设的影响降到最低。对沿线受到破坏的生态环境,主动采取恢复和补偿措施,以减小建设所带来的生态环境影响,愈合公路建设的"伤口",这在生态脆弱的地区尤为重要。

3) 以人为本理念

公路是服务于人类社会的基础设施,由人类创造出来并服务于人类社会的生存和发展。公路建设的出发点是为了满足运输要求,本质是在为人服务,要以人的需求为基础。因此,公路选线应该秉承以人为本的理念,不仅各项功能要满足人的需求,同时要保证运营的安全。

4) 量体裁衣理念

①适度超前意识:社会是不断发展的,各个时期的发展重点和速度有所不同。公路选线不仅要适应和满足当前对公路交通运输的需求,而且要有发展的眼光和适度超前的观点,以适应今后一定时期内的需要,既避免资金过早投入造成的浪费,又避免反复投入造成的浪费。

②量体裁衣意识:作为一个发展中国家,我国的公路建设应综合考虑区域差异和发展不平衡。在经济落后区域的公共建设方面,要秉承量体裁衣的意识,根据具体环境、情况确定工程的建设规模和采用的技术。

5) 营运安全理念

营运安全理念是指选择适应驾驶员驾驶习惯和本能的运行路线,应当减轻驾驶员的工作强度,从路线线形技术标准、公路轮廓、指示标志、视野景观、景观色差等入手,为驾乘人员提供连续、舒畅、顺适的行车视线和舒适环境,充分重视潜在的不良因素给行车安全产生的负面影响。

6)生态景观理念

生态景观理念指的是从公路的选线和布局入手,基于驾驶员在行车过程中的视线移动,根据路域自然生态景观的空间布局进行布景,在天然风景中选择一条满足公路的交通运输功能、同时可欣赏自然风光的行经路线,通过公路线形以及绿化美化点缀等手段造物造型,融公路于自然环境之中,令驾乘人员感受到富有优美韵律、变化而统一的自然之美。

①协调和谐共生意识:公路与沿程自然环境协调统一,成为自然环境的一部分,与大自然共生。

②韵律节奏意识:在公路的选线过程中,应根据公路的环境和条件,保证公路景观设计的形态和色彩与周围环境协调一致。

2.3 公路生态选线方法

选线可以有多种方法,选择一条设计合理,经济投入适宜的路线是选线过程的终极目标。最有效的做法就是通过分阶段、由粗到细反复对比寻找最佳方案。依此类推,生态选线是在满足路线生态环境保护要求下,反复对比不同路线方案,直至寻找到最优路线的过程。

公路具有点多、面广、线长的特点,对沿线环境的影响范围大、持续时间长。在选线设计过程中,可以通过对公路建设项目进行环境影响评价,定量刻画路线方案对沿线环境的影响程度,进而确定最佳方案。环境影响评价可以为公路建设项目提供一定的环境保护决策依据,有助于实现公路与环境的和谐发展。

公路生态选线的具体步骤是:

1)总体布局

确定好路线的起点、终点以及中间的控制点。起点、终点以及中间控制点连成的线的走向为最终路线的基本走向,即路线总方向(起讫点和中间控制点必须经过的城镇或者地区)。

2)逐段安排

逐段安排是在确定基本走向以后,在各个控制点之间确定细化的控制点,解决局部控制问题,收集区域内的自然环境、人文自然景观等环境敏感点的详细资料,逐段地结合地形、地质、水文、气候等情况,协调公路建设与沿线生态环境之间的动态关系。

3) 具体定线

需要综合考虑三维角度,根据技术标准,结合自然条件,综合考虑平、纵、横三方面因素,适当移动交点,进行穿线,定出路线中线位置。具体定线在详测时进行,确保各大小控制点之间的协调性,最终确定路线的位置。

2.4 本章小结

本章对国内外公路的设计理念、公路选线的理论和有关法律法规的发展情况进行了梳理,并详细分析了目前我国在公路建设和生态选线上所存在的问题。据此,提出以人为本,合理采取技术标准,协调处理公路建设过程中经济、环境、生态以及美观方面的关系,灵活运用技术指标,以"以生态优先"为选线理念,确保公路建设可持续发展的公路生态选线理念。最后,基于公路生态选线理念,对应遵循的原则和方法以及注意问题等进行了探讨。

第3章　华南山区高速公路建设环境分析

3.1　地理位置

华南地区为我国七大地理分区之一，纬度介于 20°09′N~28°22′N 之间，经度介于 104°28′E~120°43′E 之间，占地面积约 $53.6×10^4 km^2$，占全国的 5.6%。华南地区位于我国南部沿海。

3.2　地形地貌

华南地区山地、丘陵较多，占土地面积的 70% 以上，海拔 1000m 以上的山地主要分布在广西西部、广东北部以及福建西部。此外，华南地区还拥有丹霞地貌和喀斯特地貌等。整体山脉呈东—西走向，由西北向东南方向地势逐渐递减。主要山脉有武夷山、戴云山、鹫峰山、博平岭、罗浮山、云开大山、十万大山、九连山、南岭、莲花山等。主要平原有珠江三角洲平原、福州平原、韩江三角洲平原以及漳州平原等。主要盆地有南宁盆地、郁江盆地、桂中盆地、右江盆地等。

3.3　气候气象

华南地区大部分处于中低纬度，属于湿润的热带及亚热带季风气候，夏季雨量充沛，但是台风频繁，冬季气候较为适宜，年平均气温在 16~23℃ 之间。年均降水量在 1000~2800mm 之间，5—6月和8—9月为两个降雨高峰期。受热带季风和气旋的影响，华南地区灾害性天气频发，其中，广西较为典型的为倒春寒、寒露风以及冰雹，而广东和福建等地则经常受到气旋影响，多台风。在台风盛季，粤闽沿海的降水量中有 40%~70% 是台风雨。

3.4 水系特征

华南地区河网纵横交错,由北江、东江和西江汇成的珠江为华南地区最大的水系。珠江年均径流量约 $3.4×10^{11} m^3$。由于华南地区雨季较长,因此,河流的汛期也较长,并呈现两高峰,分别为每年 4 月和 9 月。该地区人均水量、年产水模数位于全国前列,丰富的水资源对华南地区经济发展有着重要的作用。

3.5 土 壤

砖红壤、赤红壤等多分布在广东和广西沿海的丘陵地区,红壤和黄壤多分布在华南地区的北部。珠三角地区呈现"桑基鱼塘"的景观特征。受到高温多雨气候的影响,华南地区土壤多发育于玄武岩、石灰岩和花岗岩等之上,在气候的作用下,岩石风化,硅酸盐矿物分解过程中铁、铝等氧化物聚集,净初级生产力较强。因此,该地区生物种类较为丰富,土壤养分也较高,土壤养分周转较快,生物大量积累,使得其土地生产能力位于全国前列。

3.6 植 被

华南地区拥有丰富的植物资源,以亚热带科属类植物为主。华南地区北部为亚热带常绿阔叶林,南部为热带雨林和热带季雨林。该地区植被资源丰富,生态系统较为稳定。除平原地区有繁茂的植被外,山地和丘陵上广泛分布草丛和灌木丛等植被。

3.7 本章小结

本章主要对华南山区地理位置、自然环境特征进行了介绍。论述了该区域生态选线的基本背景,为下文的研究提供必要的支撑。

第4章 华南山区高速公路生态选线方案评价指标体系

高速公路建设项目意义重大,对途经地区的影响是全方位的,包括经济、社会、环境等各个方面。因此,怎样评价路线方案的好坏,是一个复杂的全局性问题。传统的路线方案选择,主要是统计工程数量、工程投资、经济评价等几个方面的技术经济指标,然后通过列表的方式进行对比,选出一个相对较优的方案,对于环境因素考虑得较少,只是进行定性的描述和分析,容易受到主观因素的影响。因此,建立一个覆盖面更广的指标体系,更全面、更科学地反映路线方案的特征属性,对于路线方案的选择具有重要意义。

4.1 评价指标体系的构建原则与方法

4.1.1 指标体系的含义

指标是描述事物特征的概念,具有揭示和指明事物本质、便于人们理解的作用。评价指标包括两层含义:一个是指标名称,它反映评价对象的某种特定属性;另一个是指标数值,反映某一方面特性在数量上的规定性。根据能否通过数值计算进行结果的呈现,可以将指标分为定性指标和定量指标。

指标体系不是大量具体指标的堆砌或者简单组合,而是由表征事物各方面特性的指标构成的具有内部结构的有机整体。其中所有指标应围绕一个共同的核心,根据统一的标准进行选取。各个指标应尽可能简化,减少指标之间的重叠和相关,同时保留最大的信息量,使指标体系能够真实地反映评价对象的全部特征。

4.1.2 公路生态选线方案评价指标体系的构建原则

公路生态选线方案评价指标是用来评价路线方案与自然环境、社会环境相适应程度所采用的标准或尺度。公路生态选线方案评价指标体系是由各项具体指标优化组成的有机整体,在构建过程中应遵循以下原则。

1) 全面性原则

指标体系必须能够全面反映评价对象的各方面属性,使评价对象可以通过评价指标得到完整的概括。公路生态选线方案评价指标体系不仅要考虑方案的技术、经济指标,还需要考虑自然环境、社会人文等方面的指标。

2) 代表性原则

反映路线方案特性的指标很多,全部纳入评价指标体系进行计算是行不通的,只能从各个方面选取有代表性的重要指标。各个指标应尽可能相互独立,且具有一定的层次结构。

3) 可操作性原则

构建选线方案评价指标体系,既要从理论上考虑其科学性和完整性,还要考虑其在实际操作中的可行性。由于路线方案对环境的影响通常是难以准确估计的,所以在选取指标时要考虑是否有相关的统计资料,或者能否直接从设计资料中得到,即指标是否具有现实的可操作性。

4) 科学性原则

考虑环境影响的选线方案评价指标必须概念清晰,有明确的科学含义;指标数据来源真实可靠,计算方法科学合理。整个指标体系应具有合理的层次结构,能够体现路线方案与环境相互影响的关系,并且可以全面、客观地反映路线各方面的实际情况。

5) 可比性原则

为了达到方案优选评价的目的,确定的指标对每一个方案都应该是客观的、公平的,即比较方案中存在的共性,而不应设置仅反映某些方案独有特性的指标。此外,指标应该具有区分性,像"噪声污染"之类的具有统一排放标准的指标则不必设置。

4.1.3 公路生态选线方案评价指标体系的构建方法

指标体系的构建是进行综合评价的基础和前提条件,因此,考虑环境影响的选线方案评价指标体系的构建是公路生态选线的一个重要内容。指标体系的选取方法与建立的原则是相互联系的,研究指标体系的构建方法,有助于增强指标体系的完整性和科学性。常用的指标体系的构建方法主要有以下几种。

1) 调查研究法

这种方法的具体流程是:首先调查研究,收集大量可供选择的指标,然后以问卷调查的形式,把所有指标列入一张表格寄给相关领域的专家,请专家们选取应纳入评价指标体系的指标;最后,征集专家的修改意见,综合专家意见对所选指标进行统计和分析,最终确定所使用的评价指标体系。

2) 目标分解法

目标分解法又称为分析法,一般是从综合评价的总目标出发,通过将评价对象分解为若干个子系统或子目标,将各子系统进一步分解为不同侧面,根据评价问题的复杂程度确定划分层数,直到划分的每一部分都能用具体指标来表达为止。目标分解法是构建评价指标体系最简单、有效的方法。

3) 统计分析法

统计分析法是通过聚类分析、因子分析等统计学方法,对已有的大量指标进行归纳整理,使之成为条理分明、结构完善的评价指标体系。具体来说,就是先对初步报定的指标进行聚类,把其中具有关联性的指标组合在一起,分成不同的类,然后对各类指标进行主成分分析,筛选出其中的关键性指标,最后综合各类指标,形成一套科学的评价指标体系。

4) 指标属性分组法

由于各个指标本身具有不同的属性和表现形式,所以在初步选择评价指标时,也可以从指标的属性角度出发,构建评价指标体系中各个指标。具体地讲,就是可以先将指标分为"定量"与"定性"两大类,然后从技术性指标、经济性指标的角度进一步细分,将搜集的指标分成若干个组别,再按照上述的一般构造原则,得出一个初步的评价指标体系,对其做进一步的优化完善,就可以得到一套科学、合理的评价指标体系。

4.2 评价指标体系的建立

华南山区高速公路生态选线方案评价指标体系,是根据在高速公路建设和运营过程中遇到的生态环境问题,以及在解决这些问题的过程中吸取的经验教训,全面分析、预测拟建高速公路在施工阶段以及建成运营之后可能对沿线环境造成的不利影响,结合路线方案自身的技术经济特征,科学地总结和提炼出来的一套有内在关联的指标体系。它能够反映拟建路线方案对所经过区域自然生态、经济、社会带来的综合影响,方便决策者从全面、协调、可持续发展的角度来确定最终的路线方案,促进经济、社会和生态环境保护和谐发展。

目标分解法是最简单有效,也是最常用的构建指标体系的方法。先确立评价对象的总目标,再将总目标划分成不同类型的若干个子目标,逐层细分到每一个子目标都能用具体的评价指标来描述为止。按照目标分解的原则,本研究的总目标即建立考虑生态因素的路线方案综合评价方法。对总目标的分解可以从高速公路工程项目本身及其与外部环境的联系两方面着手:高速公路工程本身对应的子目标为技术经济准则层;高速公路工程与外部环境的联系可分为自然环境和社会环境两个方面,相应的子目标为自然环境准则层、社会环境准则层。

子目标可以进一步分解为若干个次一级子目标,也可以把子目标直接分解为多个具体指标。根据高速公路工程建设的实际情况,通常是把技术经济指标列在一起,而这些指标往往还存在一定相关性,因此,可以直接用指标描述技术经济准则层。高速公路工程对环境的影响较为宏观,参考高速公路工程项目环境影响评价的做法和相关研究经验,直接用指标描述自然环境准则层、社会环境准则层是合适的,无须进一步划分。

因此,构建的评价指标体系分为三层,即总目标、子目标层、具体指标层。总目标为考虑环境因素的路线方案综合评价,子目标分为自然环境、社会环境、技术经济三个准则层。对于三个子目标,进一步划分如下。

1) 自然环境准则层

高速公路建设对自然环境的影响包括噪声、大气污染、水资源环境污染等方面,减轻对自然环境的不利影响的措施可分为主动避让和被动防治两种。最理想的情况是路线能够避开所有的环境敏感点,如自然保护区、风景名胜区、森林等。现实中,高速公路必然会经过一些生态价值较高的区域,因此,只能被动采取防治措施(如减少土地占用面积、提高桥隧比、增加环保投资等)来保护自然环境。

因此,从这两个角度出发,搜集了大量资料,经过分析比选,排除了一些相互关联的指标,最终选定了土地节约利用、环境敏感点避让、野生动物保护、水资源保护、森林植被保护、水土流失防治、桥隧比、环保投资共8个指标。

2) 社会环境准则层

公路运输作为一种高效快捷的陆上交通方式,其建设必然会对沿线地区社会经济发

第4章 华南山区高速公路生态选线方案评价指标体系

展带来较大的效益。具体表现为改善区域交通布局、促进沿线地区社会经济发展、带来更多的就业机会等。美国、加拿大、英国、日本等发达国家很早就开展了建设项目的社会环境影响评价,具体评价内容分为国民经济和地区经济发展、改善交通运输布局、社会服务、政治和军事意义等多个方面。

我国在公路项目社会环境影响评价方面的研究较少,在环境影响评价报告中一般只做简单描述,没有明确的指标和评价标准,更多通过定性指标进行描述。参考国外开展社会环境影响评价的方法,结合我国公路建设的实际情况,本研究把社会环境准则层分为拆迁面积、公众参与程度、景观协调度、节点可达性、与区域交通规划协调、对沿线地区经济拉动、对农业生态的影响、资源节约利用共8个具体指标。

3) 技术经济准则层

路线方案的技术经济指标很大程度上决定了公路的建设难度和运营之后的经济效益,对于公路项目的方案决策有着重要意义。

公路方案的技术经济指标可以分为工程数量和工程投资、技术和运营特征、经济评价指标几个方面,常用的有路线长度、展线系数、牵引质量、车站个数等20多个指标;经过统计分析,排除了其中相关性较大以及比选价值不大的指标,最终选取工程投资、桥梁工程数量、工程地质条件、地形条件、路线长度、隧道工程数量以及路基土石方7个指标。

综上所述,根据多指标综合评价的理论和方法,本研究在收集数据和调查研究的基础上,运用目标分解的方法建立基于环境影响的华南山区高速公路生态选线方案评价指标体系,通过理论分析和专家咨询的方式筛选指标,最终的指标体系如图4-1所示。

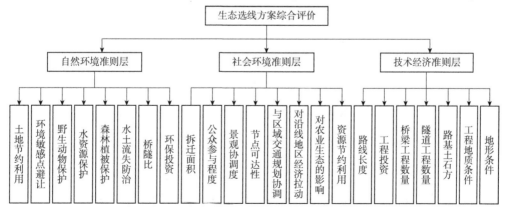

图 4-1 华南山区高速公路生态选线方案评价指标体系

4.3 评价指标选择及定量研究

由于方案评价的各个指标所代表的现实意义不同,各自的量纲也不同,要应用指标体系,必须先对指标数据进行标准化、规格化,也就是说要对指标进行无量纲化。在本研究建立的华南山区高速公路生态选线方案评价指标体系中,对于土地占用、环保投资等,国家规定了明确的指标,可以采用阈值法进行无量纲化。而对于其他定性描述指标和没有明确标准的指标,则可以采取统计学方法或者专家打分法对数据进行归一化。

4.3.1 自然环境指标说明及评价

1) 土地节约利用

我国幅员辽阔,但由于人口众多,因此,人均土地面积不到世界平均水平的1/3。随着经济社会的发展,土地已经成为一种稀缺的资源。可以用阈值法对各个方案的土地占用指标进行量化。

2) 环境敏感点避让

公路选线不可避免地会遇到自然保护区、森林公园或饮用水源地等环境敏感区域。在实际的公路选线过程中,为减轻项目建设对沿线生态环境的破坏和影响,应尽量避开此类环境敏感区。在政策和法律层面,只规定了禁止在特定区域进行工程项目建设,对于公路远离环境敏感区或者从外围保护区通过两种方式在环保程度上的差别,并没有确切的评价标准,须借助专家经验判断公路对环境敏感区影响的大小。

3) 野生动物保护

高速公路对野生动物主要带来两个方面的影响:一是施工过程中对动物栖息环境的破坏,二是高速公路投入运营后所通过的车辆所带来的噪声、振动以及隔断效应对野生动物的影响。在高速公路选线中,应根据周围野生动物群落的数量、种类以及路线对野生动物活动区域的分割程度,咨询专家意见,评价路线方案对野生动物影响程度。

4) 水资源保护

高速公路建设对水资源环境的影响分为施工期和运营期。施工期水污染主要是桥梁墩台基础施工对河流的影响,隧道施工排水,工程机械、运输车辆冲洗,施工人员生活污水排放等。运营期的废水主要来源是管理机构、服务区等的生活废水。对水资源环境的破坏没有直接的量化指标,主要考虑路线方案沿途是否经过河流、湖泊、水塘等自然水体,有无饮用水源地,车站位置、隧道施工的影响,通过专家打分的方式予以量化。

5)森林植被保护

高速公路建设对森林植被的破坏主要是路线、站场等设施永久占用林地、草地、湿地,以及施工阶段临时设施破坏地表、影响地表植被覆盖。因此,主要考虑路线的林地占用率、施工阶段取土场和弃渣场等的设置。森林植被破坏的轻重程度难以准确量化,也需要通过专家打分的形式来确定等级。

6)水土流失防治

高速公路施工时间较长,通常会有许多大型土石方工程,对地表植被和表层营养土破坏很大,如果不采取有效保护措施,则很有可能对开发区域造成水土流失。

7)桥隧比

桥梁与隧道的长度之和占整个路线总长度的比例为桥隧比。从环保的角度来看,桥隧比越大越好。相比路基,桥梁可避免大面积填挖造成的植被破坏、水土流失,而且避免了对路线两侧环境的切割效应,方便野生动物通过桥下迁徙和觅食。隧道可以使山区高速公路选线更灵活,减少路堑开挖对森林的破坏,是穿过环境敏感区的较好方式。因为桥隧比本身是一个无量纲指标,所以可以直接应用于方案评价。

8)环保投资

高速公路项目投资主体为了保护自然环境、维护生态平衡、治理环境污染而投入的资金,都属于环保投资。环境影响评价报告一般都有关于环保投资的章节,列出为保护环境所采取的各项措施,并对环保投资进行统计和测算。环保投资金额占项目总投资金额的比例则为环保投资比,是反映建设项目环保力度的一个重要指标,目前国家规定大型工程环保投入至少应达到3%。

4.3.2 社会环境指标说明及评价

1)拆迁面积

高速公路经过居民区时,会遇到房屋等建筑物拆迁问题。一方面,拆迁会对居民的生活造成不便;另一方面,在实施拆迁的过程中容易造成社会问题。因此,路线应尽量避免从建筑物密集的区域通过;确实要从居民区经过时,必须妥善安置、处理。因为国家对拆迁面积没有统一标准,因此根据统计学的原理,使用离差标准化对数据进行线性变换,使之映射到[0,1]区间,再用线性内插的方法得到方案的拆迁面积指标评价值。

2) 景观协调度

对于高速公路来说,景观协调度是指桥梁、隧道洞口、路基边坡、服务区建筑物等与外界景观、环境相融合的程度。过去,我国高速公路建设中很少考虑景观设计,一些高速公路对景观造成不利影响。为此,应该从生态和美学的角度出发,对高速公路建筑物进行外观设计,绿化路线两侧和路基边坡,顺应自然景观,使高速公路成为一道亮丽的风景线。景观协调度及其所含指标均为定性指标,采用专家打分法进行评价。

3) 公众参与程度

根据我国环保部门的规定,对于可能造成重大环境影响的公路建设项目,在环境影响评价工作中必须有公众参与。公众参与是指有关单位、普通群众同项目建设各方沟通交流,得到统一意见的过程。公众参与程度用于描述这一过程是否有效、是否达到预期目标。

4) 节点可达性

节点可达性最早用于城市交通规划设计中,用来描述在路网范围之内,某个交通节点与其他节点相互联系的自由程度,反映了该节点在路网中的地位以及交通便利程度。

5) 与区域交通规划协调

高速公路是综合交通的骨干,可以有效促进沿线地区的经济发展。但是单有一条高速公路并不能解决一切问题,其他交通方式的衔接与配合也较为重要。因此,只有综合考虑铁路、公路和水路等多种运输方式之间的衔接及便利性,才能充分发挥高速公路对经济发展的拉动作用。此外,在路线规划的同时,还须考虑与综合交通规划的一致性,引导客流和货物运输。

6) 对沿线地区经济拉动

高速公路项目对沿线地区经济发展的促进作用从建设期就开始体现:高速公路施工需要大量工人,带动就业;就近采购原材料,促进当地建材行业发展;近年来,大量高速公路工程的建设使用了众多新技术、新材料、新工艺,为相对落后地区带来技术进步。高速公路建设和运营不仅意味着大量的投资,使地区生产总值增加,还可以改善当地的交通条件,提高运输效率,节约大量运输费用和时间成本,带来技术进步,促进产业发展,使经济结构更加优化,效率更高。

7)资源节约利用

高速公路可以促进沿线地区自然资源、清洁能源的开发和利用。近年来,公路行业不断试验推广新能源的开发利用,取得了不错的效果。

4.3.3 技术经济指标说明及评价

技术经济指标需要根据各个项目的工程实际,具体情况具体分析,没有确定的评判标准可供参考。本研究从较为宏观的角度出发,选取了7个具有代表性的指标,并考虑了各个指标与环境的关系。因为没有确定的标准,所以对技术经济指标全都采用Delphi法进行评价。

1)路线长度

路线长度与工期、总投资息息相关,是选线中一个重要的技术指标。路线长度不能太大;否则,工程规模太大,各种潜在风险都会增加。在一些陡峭的山区路段,展线系数不能太小;否则,会导致工程难度增加,投资不易控制。

2)工程投资

在市场经济条件下,工程投资效益是第一位的。路线方案的投资多少直接影响项目的投资决策。可以把路线方案平均每公里造价与同等级的其他公路项目进行比较,作为参考,并通过专家打分进行评价。

3)桥梁工程数量

桥梁可以跨越山川河谷,使得路线更加顺直,但是桥梁工程的造价较高。大量采用桥梁取代路基是不经济的。桥梁施工的难度较大,桥梁墩台施工时产生的泥浆、沉渣会污染河水,严重时甚至会淤积河床、堵塞河道,对河流生态系统造成毁灭性破坏。因此,在设计桥梁时必须充分论证其必要性,不能盲目大量采用"以桥代路"的形式。

4)隧道工程数量

隧道工程可以使路线方案更加灵活,缩短路线里程,避免长大坡道。但是隧道工程因为其隐蔽性、地层条件及岩性不确定性,施工风险较大。而且隧道弃渣数量庞大,如果弃渣场设置不当或管理不到位,可能在雨水的作用下引发水土流失。此外,隧道施工还可能造成破坏地下水环境、引起地表沉降等问题。因此,在选用隧道形式时必须综合考虑,合理设置。

5) 路基土石方

路基土石方数量越大,意味着对地表的扰动也就越大,不仅影响投资,而且可能造成环境破坏。此外,路基施工的填方和挖方数量应尽可能相等,在满足填料要求的前提下,充分利用挖方,移挖作填,尽可能地减轻对环境的影响。

6) 工程地质条件、地形条件

高速公路建设对地表扰动较大,在土地资源紧缺的地段,应该尽量保护农田植被,保护高价值土地资源。尽量绕避软土、沼泽、地震带等地质不良区域,无法绕避时应采取有效的工程措施,但整治地质病害的代价很大,因此,在选线过程中必须慎重考虑。

4.4 评价指标的权重赋值

对华南山区高速公路生态选线方案进行评价,就要考虑其对自然、经济和社会的综合影响,因此,这是一个多目标决策问题。多目标决策主要研究为实现多个目标的多个方案的最优选择。由于各指标对于最终结果的影响程度不同,因此,需要根据各指标的影响程度对其权重进行赋值。

指标的赋值主要包括两种方法,一种为主观赋值法,一种为客观赋值法。均权法、离权差法及相对比较法为目前常用的确定权重的方法。由于多目标决策问题包含的指标较为复杂,因此,在对各指标权重的确定上要求具有科学性。然而由于多目标决策问题多涉及社会、经济等宏观问题,因此,无法用个别指标对其进行全面衡量。

4.4.1 均权法

均权法常用于较为简单的决策中。在均权法中,各指标的重要性相同,当指标个数为 n 时,则各指标的权重为 ω_j:

$$\omega_j = \frac{1}{n} \quad (j=1,2,3,\cdots,n) \tag{4-1}$$

4.4.2 离权差法

离权差法中,各指标的权重系数取决于某一指标与所有研究对象的差值。当所有研究对象的某一指标差值较大时,该指标对于评价的贡献程度越高,权重较大。当所有研究对象的指标基本相同或差值很小时,该项指标贡献程度较低,权重较小。

设有 m 个可行方案 $S_1,S_2,\cdots,S_m$,n 个决策指标 $G_1,G_2,\cdots,G_n$,那么,得到指标矩阵 A:

$$A = \begin{bmatrix} a_{11} & \cdots & a_{1n} \\ \vdots & \ddots & \vdots \\ a_{m1} & \cdots & a_{mn} \end{bmatrix} = (a_{ij})_{m \times n} \tag{4-2}$$

标准化处理指标矩阵后,得到标准化指标矩阵 R:

$$R = \begin{bmatrix} R_{11} & \cdots & R_{1n} \\ \vdots & \ddots & \vdots \\ R_{m1} & \cdots & R_{mn} \end{bmatrix} = (r_{ij})_{m \times n} \tag{4-3}$$

在各目标 $G_j(j=1,2,\cdots,n)$ 下,标准化指标矩阵 $R = (r_{ij})_{m \times n}$ 的标准差 δ_j 为:

$$\delta_j = \sqrt{\frac{1}{m-1} \sum_{i=1}^{m} (r_{ij} - \bar{r}_j)^2} \tag{4-4}$$

式中:r_{ij}——标准化矩阵;

$\bar{r}_j$——每个目标 $G_j(j=1,2,\cdots,n)$ 下的平均值:

$$\bar{r} = \frac{1}{m} \sum_{i=1}^{m} r_{ij} \tag{4-5}$$

于是,可以得到每一个指标的权重系数 $\bar{\omega}_j(j=1,2,\cdots,n)$:

$$\bar{\omega}_j = \frac{\delta_j}{\sum_{j=1}^{n} \delta_j} \quad (j=1,2,\cdots,n) \tag{4-6}$$

4.4.3 相对比较法

相对比较法是主观赋权法的一种。在相对比较法中,对所有指标做两两比较、列成表格,将最终的结果记录在表中,最后对每行数值进行求和,并计算出总分。通过数据归一化处理得到相应的权重系数。

设有 m 个可行方案 $S_1,S_2,\cdots,S_m$,n 个决策指标 $G_1,G_2,\cdots,G_n$,对评分准则按三级比

例标度进行比较评分,设分值为 q_{ij},则三级比例标度表示为:

$$q_{ij} = \begin{cases} 1 \\ 0.5 \\ 0 \end{cases} \qquad (4\text{-}7)$$

评分值构成矩阵 $\boldsymbol{Q} = (q_{ij})_{m \times n}$。显然,该矩阵单元之间存在如下关系:

$$\begin{cases} q_{ij} = 0.5 \\ q_{ij} + q_{ji} = 1 \end{cases} \qquad (4\text{-}8)$$

则指标 $G_1, G_2, \cdots, G_n$ 的权重系数分别为:

$$\overline{\omega}_j = \frac{\sum_{i=1}^{m} q_{ij}}{\sum_{j=1}^{n} \sum_{i=1}^{m} q_{ij}} \qquad (4\text{-}9)$$

使用相对比较法的前提是:任意的指标之间,在相对重要程度方面都具有比较性,并且满足传递性。

4.5 本章小结

本章收集了大量关于生态环境评价指标、建设项目社会经济影响评价指标的资料和数据,并进行了统计分析,然后通过目标分解法建立了华南山区高速公路生态选线方案评价指标体系,将方案评价的总目标分为自然环境、社会环境、技术经济 3 个准则层,并进一步研究确定了各准则层包含的具体指标。

第5章 华南山区高速公路生态选线方法

5.1 华南山区高速公路选线特点

华南山区高速公路建设受到多方面因素的影响。由于山区落差较大,地形地质条件复杂,因此,山区高速公路建设工程较为艰巨,可选方案较少。在山区高速公路选线过程中,岩层较厚,土层较薄,地质结构复杂多样,会对路线的线位和布局带来影响。在气候方面,山区冬季雨雾潮湿、冰冻等,夏季可能会出现山洪、暴雨等,均可能对交通安全带来影响。因此,山区高速公路选线需要综合考虑气候、地质等多方面的影响。山区高速公路拥有以下特征:

①地面起伏大、高差大,地形复杂、陡峻,山脉、水系分明,地面自然坡度一般大于20%。复杂的地形条件给工程建设带来了较大的困难,桥梁和隧道的建设过程也较为复杂。此外,由于山区高速公路的路基填切较大,因此,山区高速公路的防护工程安全性要求较高。

②地质条件复杂,泥石流、崩塌和山体滑坡等灾害性地质现象频发。

③水文条件复杂,河流落差较大,水位涨落变化也较大,流速快、流量大的水流拥有较大的破坏力和冲刷力。因此,山区高速公路建设需要综合考虑河道上下游的断面情况以及建筑垃圾的堆积对河流流向的影响。

④气候条件复杂,昼夜温差较大,秋季多雨雾,降雨集中,山洪急,溪流水位变化幅度大。

⑤生态环境较为脆弱,高速公路建设对环境的影响较大,因此,需要更多地考虑高速公路建设过程对生态环境所带来的影响。

⑥对平面、纵面指标的分析。山区高速公路在水平方向与垂直方向的建设上与平原和丘陵地区高速公路有所不同。在平原和半丘陵地区,地形起伏较小,因此落差较小,路线设计过程中可以用中坡来适应地形,以实现工程造价和工程量的降低;从垂直空间上

来看,平原和半丘陵地区高速公路坡度变化次数较少。相比之下,水平空间上,山区地形较陡峭,因此在路线设计时需要设计较多的平面曲线以适应落差较大的陡峭地形;而在垂直空间上,山区高速公路的桥梁、隧道较多,因此,对纵坡的要求更高,在对纵坡进行设计时要符合山区的具体地形条件。

⑦山区路线纵坡的安排会影响路线整体的长度和平面的位置。因此,在山区越岭线的选线过程中,要以路线的纵断面为主,协调好垭口、过岭高程以及垭口两侧的路线的关系。越岭线的建设需要克服山区较大的落差,应综合考虑地形、地质、高程和位置等因素的影响,在符合路线走向的趋势内,将垭口确定为临时重要控制点。

5.2 华南山区高速公路生态选线原则

1)严格遵守环保法律和规定

选线要依照国家制定的有关法律法规开展。对于拥有自然人文景观、文物古迹以及历史文化遗产等的核心区域、自然保护区、缓冲区和部分生态保护地带,应尽量绕避。在确有需要进行生态破坏的地方,后期应采取相应的环保措施,将高速公路建设对生态和环境的影响降至最低。

2)坚持预防为主、防治结合、综合治理的原则

选线设计应综合考虑地形地质条件,避免大段的高填深挖,降低垂直方向上的高程,合理选择最小曲线半径和限制坡度。需设立交时,应尽量选择较低处进行跨越,以减少用地,保护生态环境。项目建设后期需要对取土场和弃土场进行植被恢复和防护工作,避免出现水土流失的情况。

3)环境保护工作贯穿建设全过程

可持续发展的理念应贯穿选线工作的全过程。选线工作执行得正确与否关系到整个高速公路建设的质量和成败。不恰当的选线计划会对周围的生态环境带来毁灭性的影响。高速公路建设应摒弃旧有的"先建设后治理"的做法,从项目建设初期开始就应将"环保优先"的理念贯穿整个公路建设过程,在项目施工、运营、规划和设计阶段,开展环境调查、治理和评价,采取建设与养护同步、建设与恢复保护并行的策略。

4) 贯彻环境保护,树立"可持续发展"理念

高速公路建设所消费的资源包括空间位置、土地、建筑材料、生态环境等多方面,要充分认识这种资源消费的不可再生性。在一个走廊带内,常有航道、铁路、管道、通信线、电力网、原有公路等,而且居民点也错落有致地占据相对平坦的地势,路线布设的空间十分有限,这种空间资源往往只能利用一次。因此,在实际设计时,要谨慎对方案进行比较选择,充分考虑到各方案的利弊,再综合考虑建设环境,选择最优方案。

5) 局部路线方案的比选应进行环境评价

山区地形地质条件复杂多变,落差较高,对线位的选择带来较大的影响。

①经过高山深谷的地形,如果地质较好且投资较宽松,可以采用架设高架桥、穿凿隧道通过的方案,这对降低高差、缩短里程是有效的,对环境的影响也较小,应作为首选方案。

②在山峰起伏和横坡陡峻的地段,若因建设投资的限制,采用以高填深挖为主的路线方案,则施工时的土石方开挖数量很大,且边坡土石松动、高边坡和地质不良地段容易发生滑坡、塌方,不仅增大了施工的难度,还会给运营期留下安全隐患,影响公路稳固和畅通,造成水土流失、农田损毁、自然生态环境破坏,综合造价反而高。因此,应在可能的情况下尽量避免采用这类方案。

③在地形条件允许的情况下,将路线移向山边绕过。虽然绕山路线有所增长,占用农田较多,但路线平顺,线形指标比较容易满足规范要求,并不会因增加距离而降低行车效益,且环境效益较好。如果该方案能配合小型桥隧,或配合采取上、下车道分开(复线)的办法,则会获得更好的经济效益和环境效益。这类方案在山区高等级公路建设中值得提倡使用。

6) 合理协调线形与环境,树立"地势选线"理念

华南地区自然条件复杂,地形多变,山岭、丘陵、盆地地形交错出现。因此,在实际建设过程中应采取逐渐过渡、前后连贯的方式,采用多种不同线形,保证相对均衡。此外,要防止因为山区复杂地形,驾驶人为适应山区高速公路线形的变化而频繁改变行驶线路所带来的视觉疲劳。同时,山区高速公路的建设应按照交通工程学的要求,与自然地形和背景环境相协调,将工程融于景观。这一做法不仅能够有效避免对生态环境的大范围破坏,减少对地形的剧烈切割,也能够节约工程费用。

考虑到山区较为复杂的地形地势条件，完全适应崎岖的山路和高山深谷的地形是不太可能的。除了尽可能地采用符合地形的曲线之外，还须增设一些隧道、高架桥等构造物，或设计上、下行车道，以减少挖填土石方数量、缩短里程及保护自然环境。

7）正确处理公路选线与节约用地的关系

根据"依法用地、科学用地、合理用地和节约用地"的原则，在山区高速公路的建设过程中，应该保护好沿线的耕地，尽可能减少对于良田的占用，同时又能够在安全的情况下满足日常的运输功能，且适宜开展日常养护和维修。根据国家有关法规，在公路建设过程中不能占用良田，若能把荒地运用起来，则运用荒地，但不能占用林地和耕地。在确定最终选线方案时，应该将路线所占用的良田数量作为重要的参考条件。

8）重视噪声污染问题

为适应经济社会的发展需求，客车及货车的行车速度在逐渐提升，但带来了严重的噪声污染问题。在进行山区高速公路选线时，除非确有必要，应尽量避开村庄和城镇，尤其是要远离学校和医院，以减少对沿线的噪声污染。无法避免产生噪声问题时，应采取适当的隔音措施或扩大拆迁范围。

5.3 华南山区高速公路生态选线方法

自然界是人类生存的摇篮，不仅支撑着人们的物质生活，也丰富了人们的精神生活。在选线过程中，应该重视自然和社会环境的协调性，将可持续发展作为选线的准则，综合考虑技术、经济及交通安全等因素，尊重自然规律，爱护自然，将工程建设融入自然环境，并且在设计过程中，尽可能使得环境保护与高速公路建设协调，高速公路发展和自然环境共生。树立"不破坏就是最好的保护"的理念，摒弃"先破坏后保护"的做法，遵循自然和生态规律，使高速公路建设不破坏生态稳定和自然环境，充分利用自然环境的美学价值，将高速公路建设动态性地融入自然环境。

本着"不破坏就是最好的保护"的原则，最大限度保护高速公路沿线生态环境不受破坏，在线位选择时做到：

①广泛收集基础资料，尽可能地了解高速公路建设可能会对周围环境所带来的破坏，以及对破坏进行恢复的可能性大小。进行环境影响调查、分析和评价工作，使所有方

案的环境影响范围都在研究之列,由总体到局部、全面而突出重点地解决项目中的环境问题。

②对高速公路建设区域环境的生态情况进行调查,并对其脆弱性和敏感度进行评价,对有可能造成破坏的区域开展生态平衡或生态补偿措施的修复可能性评估,预测采取补偿措施后依然可能存在的损害情况。

③根据环境影响分析结果,在筛选路线的过程中,尽可能选择与环境冲突较小的路线,如果确实因为工程要求而将高速公路建设在走廊外,则应对多个路线方案进行比较。在预计选线对周围生态环境有较大破坏时,考虑更换选线方案。在走廊带中以主要环境参数进行路线方案对比,遵循"生态优先"的原则。

在局部方案优化时,从保护野生动植物、保护原生态、减少土石方数量、减少水土流失等关键方面进行优化比选。

生态选线中,所考虑的因素应分层次、分主次。高速公路线位选择的过程主要包括三个阶段,分别为路线走廊带的选择、路线方案的选择以及局部方案的优化,在这三个阶段考虑的因素相应地分为三个层次。

5.3.1 路线走廊带选择

路线走廊带选择主要考虑环境影响,将与环境冲突较小的路线确定为最优路线,将因工程要求须建在走廊外但在环境方面具有可修复性的路线作为比较方案,更换对周围生态环境有较大破坏的选线方案。应通过在大范围内搜索走廊带来确定最佳方案。在这一层次上须考虑宏观自然环境、社会环境、资源问题等。

1) 城镇等主要人文控制点

从对高速公路选线的影响因素及选线实践的归纳分析可知,在政治、经济、国防等大前提下,路线的走向大致应满足如下几点要求:

①在符合公路网规划的前提下,区域的经济发展情况以及产业布局应该是高速公路选线重点参考的因素,以保证路线的技术经济性。

②高速公路的建设、运营以及路线走向、布局对沿线社会和生态环境可能会带来的影响,应该是高速公路选线前期应充分考虑的内容。

③路线方案应有利于对沿线社会环境的改善。连接城镇、工矿区、经济区、农业区的

公路,应结合现有公路网及其规划,合理确定互通式立体交叉的位置、形式、规模。

④山区高速公路路线应尽量避开用作饮用水源的水库区。如确有需要且受山区地形地质条件的限制,应该尽可能地选择在库位以桥梁的方式跨越,以减轻对水源的破坏,保护生态环境。

⑤选线过程应综合考虑周围城镇的自然条件、经济发展水平、产业布局规划以及规模等,确定最优的高速公路与城镇连接方式。环线绕行、穿越绕行和分离式绕行是常见的三种高速公路与城镇的连接方式。

⑥从高速公路建设服务于社会的原则出发,对10万人以上的城镇,一般配合城镇路网规划,可考虑采用环线绕行式;对狭长形布局的城镇,可在保留足够宽度防护绿带的基础上穿越;当对城镇干扰较大时,可考虑采用高架、隧道等形式穿越;对于小城镇,可采用连接线的分离式方式通过。

2)重大生态环境敏感点或区域

生态环境涉及面广,内容极为丰富。高速公路选线需重点考虑周围生态环境,包括高速公路施工期间以及运营期间对周围动植物、野生动物栖息地、水土保持、农作物和水系等的影响。高速公路沿线野生动物栖息地、自然保护区以及生态湿地等对维持当地的生态平衡和生物多样性具有重要的生态意义,在选线时应尽量避开这些区域。

其中,湿地包括沼泽地、水草地以及河口等,具有重要的生态功能。应将高速公路对湿地的影响降至最低。当高速公路需要经过湿地时,应优先选择影响最小的方案,确有必要时采取建设桥梁的方案,最后才考虑挡墙路堤的方案。项目建设后期,应考虑对所造成的生态破坏进行恢复或补偿,尽量使受到破坏区域恢复到自然状态。总之,要通过各种工程措施把对湿地的影响降至最低。

野生动植物栖息地指的是具有较高价值或濒危物种生存的地方,当高速公路建设确需经过野生动植物栖息地时,同样应选择影响最小的方案,必要时采用架桥或建隧道的方式。由于自然的树木和灌木丛对野生动物具有重要意义,因此,在高速公路建设过程中应尽量减小对原有树木的影响,且对于后期公路用地的清理仅限于必要区域,不影响到原有树木。此外,还可以设置野生动物迁徙通道,在动物敏感季节应尽量避免施工。

根据有关规定,自然保护区分为地方级和国家级,自然保护区内又分为核心区、缓冲区和实验区。其中,核心区为重点保护对象的活动生存范围,不允许开展相关工程建设工作,也不允许进行旅游开发。因此,高速公路建设过程应尽量避免破坏自然保护区,减少挖填,增加桥隧工程,以减轻对环境的影响。

5.3.2 路线方案的选择与局部优化

在具体的高速公路选线工作中,应从以下几个方面做好选线工作。

1) 环境敏感区选线

在选线规划过程中,要尽量避免穿越湿地、森林、水源区、自然保护区、森林公园等生态调节区域,避免影响珍稀动植物的生存环境和活动区域,防止影响其种群数量。

2) 适当的线形和绕避

高速公路建成后,汽车通过时会排放尾气。因此,在选线阶段,为了减小汽车尾气排放对居民区的影响,应该尽量远离居民区。此外,应在设计纵断面时,采取较小的纵坡,采用较大的转弯半径;在水平方向上,保证行车宽度,以避免行车拥挤。

路线应依据沿线的地形、地势,依山就势,适当设凸形曲线,减少开挖,适当增加填方,集中取土,适当增设平曲线,合理利用旧路、旧桥,尽量少拆迁、少占田地,降低造价。根据旧路的线形、地形、地质条件和植被覆盖情况,因地制宜,通过增加挡土墙、悬臂挑梁、半山桥等构造物加宽路基,避免高填深挖,减轻对旧路原有边坡的破坏。

对特别困难路段,可适当降低技术指标,采用逐渐过渡方式保证线形的连续性和均衡性。加强地质勘探,尽量避开地质不良地段;对不能绕避的地段,制订技术处理方案。

高速公路建设后,其应与周围环境和生态协调一致。在内部,能够承担运输功能,且在技术方面符合国家相关技术标准要求;在外部,与周围环境浑然一体,且与周围生态环境具有协调的美感。人工施工痕迹几乎可以忽略不计的高速公路是一条优良的高速公路。对于平原地区的高速公路建设,在选线时,为了保证视野开阔,更多地采用直线形设计;而在山岭和丘陵地区,由于地势落差较大,不宜采用直线,曲线设计则能够更好地与当地的地形相贴合,更加经济、适用、美观而且安全。

目前,多国对于高速公路建设中使用平直线或竖曲线等的协调和均衡配合开展了大量的研究,普遍认为平、曲线的合理搭配是构造高速公路良好立体线形的保证。需要把平曲线与竖曲线一一对应,协调搭配,且需要注意在平曲线的终点或终点附近设定竖曲线顶点。此外,平曲线应该比竖曲线稍长。

为了让驾驶人在开车过程中视觉较为舒适,行车较为流畅和安全,山区高速公路的平曲线半径应为一般最小半径的 3~5 倍,而在特殊地理环境路段,可以选用一般最小半径的 1~2 倍。但在连续的第一标准路段,平曲线的使用不应该超过 20km,相邻曲线之间半径之比应严格控制在 2 以内,必要情况下根据实际情况进行选取但不应该差距过大。在线形的选择上,以贴合地形为主,尽量避免 C 形或凸形曲线,多采用 S 形或卵形。在较长的直线路线两端,尽量避免设置小于或稍大于一般最小半径的平曲线;如果确有必要,可在长直线与小半径曲平线之间通过设置半径大于直线长度的平曲线进行过渡,以保证路线各部分在空间上的协调和一致性。

3)进行绿化,提高路面质量

通过在高速公路两旁种植绿植和建立防噪墙,能够有效控制高速公路建成后汽车行驶所带来的噪声。此外,高速公路沿线的绿化建设还能够改善小范围的气候。

4)注意水体保护

为了防止含有有害成分的路面污水污染水和土壤,应该尽量避免在高速公路建设过程中将此类污染成分排入高速公路两侧的水体或土壤中。

5)对珍贵动植物进行保护

在高速公路建设中应当尽量避开野生动物栖息地以及珍贵植物生存区域;如果确实需要经过此类区域,可选择最短路线或设置涵洞为动物活动提供方便。

6)注意对地下水的保护

在高速公路勘察设计中,既要注重高速公路工程的安全,也要注重高速公路建成后对周围环境的影响,注意地下水失衡问题,做到环境工程与高速公路主体工程设计、施工同步。

7)路线经过居民区时要有适当距离

高速公路不可避免会经过自然村落和居民区,给居民带来极大不便。另外,因噪声超标影响居民生活,还需要设置声屏障。因此,在选线时要注意在路线与居民集中区间保留适当距离;若必须穿过村庄,应考虑根据环保评价要求,将噪声超标范围内住户全部搬迁走,并且拆迁后应进行绿化,改善生态环境,提升工程景观效果。

8)做好绿色防护工作

为将高速公路建设对沿线环境可能带来的不利影响降至最低,公路勘察设计中应采取多种保护环境的工程措施,如:路基边坡加固与防护尽量采用喷播植草、喷混植草等工艺,建设绿色屏障;尽量减少片石和混凝土等防护措施,避免在视觉效果上产生压抑感和单调感,做到路基面以外部分与自然环境融为一体;有条件的地区应在路线两侧按照"内灌外乔"的原则种植树木,形成一道绿色风景线,使其形成绿色通道,从而使高速公路沿线生态环境得到有效保护。

9) 对风景名胜区和自然保护区进行避让和保护

在勘探设计中,有必要对沿线风景名胜区、自然保护区的有关资料进行搜集,明确其级别、保护对象、保护范围以及保护面积,明确该类区域的核心区、缓冲区以及实验区,路线设计过程中尽可能避开此类区域。然而由于部分风景名胜区和自然保护区覆盖面积较广,小则几平方千米,大则上千平方千米,因此,在路线规划确实无法避开此类区域时,首先应当保证不影响核心区和缓冲区。此外,为了避免影响此类区域内动植物的生存环境,有必要在附近设立"严禁鸣笛"等标示牌,且不在自然保护区附近设立服务区等,工程建设尽量与周围的景观保持一致。选线应以保护自然、不开挖山体为前提,维持自然环境原貌。

10) 水源保护区选线

根据国家相关规定,风景名胜区水体、重要渔业水体、生活饮用水源保护区以及其他具有特殊经济文化价值的水体,均属于水源保护区。生活饮用水与人民群众的身心健康和生命安全息息相关,因此,国家制定了许多保护水资源的法律法规,强调对饮用水源地的保护。而在水体污染治理方面,我国颁布了《中华人民共和国水污染防治法》和《饮用水源保护区污染防治管理规定》,指出"禁止在生活饮用水地表水源一级保护区内新建、扩建与供水设施和保护水源无关的建设项目","在生活饮用水源地、风景名胜区水体、重要渔业水体和其他有特殊经济文化价值的水体的保护区内,不得新建排污口"。《生活饮用水卫生标准》(GB 5749—2022)明确规定"取水点上游1000m至下游100m的水域不得排入工业废水和生活污水,不得从事有可能污染该段水与水质的活动"。

在确定跨河桥梁以及车站设立点位置时,需要对附近河流的使用功能以及车站设立点的位置进行调查,确保车站排污点和桥梁位置上下游没有集中取水口;若存在集中取水口等设施,在允许的情况下,按照国家《生活饮用水卫生标准》(GB 5749—2022),改变桥梁和车站排污口的位置。当改变桥梁和车站排污口位置所带来的影响较大,或会大幅增加投资时,考虑改变集中取水口的位置。

11) 文物保护区选线

古文物遗址、纪念建筑物、古建筑、古墓葬、石窟寺、石刻以及革命遗址等均属于文物。根据文物的科学艺术价值以及所管辖单位,可将文物分为县、自治县以及市级文物保护单位,省、自治区以及直辖市级文物保护单位和全国重点文物保护单位。为保护我国历史发展过程遗留下来的珍贵历史文物古迹和历史遗址,《中华人民共和国文物保护法》规定,在全国重点文物保护单位范围内进行施工建设,必须获得省、自治区或直辖市人民政府以及国家行政文化管理部门的同意。在文物保护单位的范围之内,不得开展工程建设,如果确有特殊需要,需报有管辖权的人民政府及上一级文化行政管理部门同意。施工单位在进行工程设计和选址时应事先与涉及文物保护单位的文化行政管理部门进行沟通,确定保护措施,如需对文物保护单位进行拆除和建设,所花费的费用和劳动力由建设单位列入投资计划和劳动计划。在大型项目建设前期,建设单位需要与所在省、自治区或直辖市的文化行政部门对于工程开展范围内可能存在的埋藏文物进行文物勘查和调查工作。

在选线过程中,应重点避开全国重点文物保护单位。对于部分无法避开的省、市或县级文物保护单位,要进行经济技术比较或与相关行政管理机构进行协商,通过一系列严格、复杂的审批以后才可进行迁移或勘探发掘。此外,减轻工程建设过程对文物保护单位所带来的影响所采取的工程措施所需费用,以及对考古文物的发掘、迁移和人工费等,要列入工程概算。

12) 珍贵的野生动植物资源区选线

珍稀、濒危的陆生和水生野生动物以及其他具有重要经济和科学研究价值的野生动物均属于珍贵野生动物。天然生长的具有重要经济、科学和文化研究价值的濒危、稀有植物等野生植物按照其保护级别和管理单位,可分为一级保护和二级保护、国家和地方重点保护等类型。

在有野生动植物大范围分布的区域工程开展高速公路建设,应适当增加隧道以满足动物的通行需求。除行人通道外,其他涵洞或中小型桥梁也可供蛇类或小型哺乳动物通过。上方植被并未遭到破坏的隧道以及长度大于 100m、跨度大于 25m 的桥梁可作为大型动物的通道。在工程建设后期应加强桥梁附近天然植被的种植和隧道口的景观恢复,以便于植物的生存和动物的通行。

13）文教区及大规模的居民住宅区等敏感点选线

在高速公路建成后，车辆经过时不可避免地会带来噪声。根据《中华人民共和国噪声污染防治法》规定，穿越城市居民区、文教区的道路，因汽车运行造成环境噪声污染的，当地城市人民政府应当组织公路部门和其他有关部门，制定减轻环境噪声污染的规划；公路部门和其他有关部门应当按照规划的要求，采取有效措施，减轻环境噪声污染。

噪声污染是高速公路运营期不可避免的一大环境问题。对于穿越文教区或大型居民住宅区的高速公路，如果采取对住宅区进行整体拆迁的方式，则必然投资较大。如果采用修建声屏障等降噪措施，则不利于后期高速公路的运营和管理，且降噪效果也不是很明显。因此，在制定这一类穿过居民住宅区的建设方案时，需要综合考虑路线方案的投资以及高速公路建成后噪声的治理，确定最优、最合理的路线方案。

14）对土地资源的保护

在高速公路建设过程中，应该严格遵守国家规定，最大限度避免对于农田的占用，如果能够利用旧路进行扩建和改造，则不新建。占用耕地或让居民进行拆迁，必然会占用其生活资源，而且会带来较大的环境压力和占用较多面积的土地。因此，在路线的设置过程中，应该避免大规模拆迁，避免影响到两侧居民的日常交通往来或影响到农民的田间耕作和生产生活。

15）环境影响程度及可恢复性

应从生态环境要素的可替代性角度考虑其价值，要避让不可替代的生态资源。环境的可恢复性还表现在土层厚度上，土层薄的地方一旦被破坏就很难恢复，容易导致石漠化现象。

16）地形、土石方数量、水土流失、取（弃）土场

在选线过程中，有时无法避开地质条件较差的区域。针对这一类情况应该尽量减少弃方量，采用降低边坡的总高度或截排水设计等，或使用植物防护加固边坡，或采用工程和植物护坡相结合的方法，求得土石方工程的平衡。对于不可避免要进行采土的区域，在建设后期应采取一定的措施复耕还林；对于不可避免要弃土的区域，应尽量选择荒地或山川河谷等容易恢复的位置，在工程建设完后恢复原地貌。对取土、弃土困难段，通过方案比选可采用隧道、桥梁，或调整路线高程、中线位置等，减少取土、弃土数量。

按照"宁填勿挖,宁隧勿挖,宁桥勿填"的设计原则进行路线设计和取、弃土场的设计。

17) 占地类型及数量

耕地是不可再生资源,公路建设过程中不可避免会出现占用土地的情况,但是所占用土地的类型则取决于设计选线方案。农民的生活很有可能受到耕地占用的影响。在经济较为发达的地区,由于赔偿标准较高,拆迁征地工作难度较小,因此,有些公路设计者和业主随意采取拆迁征地占用耕地的方式,这一做法是不合理、不恰当、不负责任的。

分离式路基原则上不应长距离采用,因为一般情况下,这种路基工程量较大,占地多,且分离路段较长,以至于事故抢险和公路维修的难度较大。相比之下,桥梁和隧道的造价虽然较高,但是对于地形地质条件复杂或拆迁代价较高的路段却不失为一种好的选择。长隧道进出口路基一般不需太长,只需 100~300m,常采用分离式。短隧道可采用小净距隧道或连拱式。高架桥虽造价高,但在地价很高而高架桥下的空间又可开发利用的高度城市化地段,也常会成为合理可行的方案。

土地类型包括原始森林、天然次生林、经济林、草地、湿地、耕地(旱地和水田)、荒地等。在选择线位时,优先选择生态价值低、经济价值低的区域通过。

18) 控制工程

大中桥、隧道等控制工程对工程造价、工期有决定性影响。选择合理的桥位和桥面高程,可减小公路对地表水体、湿地等环境要素的影响。

5.4 华南山区高速公路生态选线的对策

5.4.1 技术标准适应自然地形

在山区修建公路,若路线采用的技术标准过高,不但会使选线失去灵活性,在紧坡地段还需要人为展长路线,而且会增加隧道、高填深挖路以及桥梁的占比,导致施工难度升高、土石方数量巨大,运营之后容易引发崩塌、滑坡等地质灾害,对自然环境造成破坏。

因此,在满足高速公路交通运输需求和安全的前提下,为了保护自然环境,路线应尽可能采用较低的技术标准建设,提高路线适应山区复杂地形的能力,合理选择不同路段的设计速度、限制坡度和最小曲线半径。

5.4.2 绕避环境敏感区

我国亚热带山区各类环境敏感区众多,包括各级饮用水源地、风景名胜区、森林公园以及自然保护区等,高速公路应尽量避免从这些区域经过。必须通过时,需要做完全绕避的路线比选方案。对于确实无法避开的高速敏感区,尽量从外围保护区和实验区通过;如果必须从保护区的核心区域通过,必须以隧道的方式通过,且不能在其中设置辅助导坑和竖井。

5.4.3 土地和森林植被的保护

高速公路建设需要占用大量土地资源,具体可分为路线、服务区、管理处等运输设施永久用地和施工期间临时用地。除了高速公路等建筑物永久占地之外,由于施工过程中土体开挖、清除地表原状土,破坏了土壤结构,减少了土壤中的矿物质和养分,因此,即使绿化高速公路两侧的空地和取、弃土场等施工临时用地,也难以恢复到原始的状态,故在规划设计中,路线应尽可能少占耕地和天然林地。临时用地应尽量利用荒地、河滩,施工完成后应对取、弃土场进行生态恢复和绿化。

5.4.4 野生动物保护

保护野生动物,维持生物的多样性,对于生态系统的自我调节和恢复能力至关重要。选线时应尽量避开野生动物栖息、活动的重点区域,如确实需要从珍稀动物种群栖息地经过,则应该设置野生动物通道。设置动物通道,需要对沿线野生动物群落的分布进行调查研究,寻找其正常活动、觅食和迁徙的规律,根据动物种群数量和活动范围,结合地形条件和高速公路工程特点进行设置。

5.4.5 控制污染排放

选线应立足当前城市布局并考虑长远发展规划,尽量远离医院、学校、居民聚集区等声环境敏感点,尽可能减小高速公路运营期噪声对环境所带来的影响。若高速公路建设边界噪声值或监测到的敏感点噪声值超过了国家有关标准,应该按照要求通过安装声屏障、种植绿化带等措施,使噪声符合规定标准。降噪措施应考虑施工安装方便、满足经济性和同整体环境协调的要求。

5.5 华南山区高速公路生态选线方案评价方法研究

综合评价的方法很多,从较早的经验判断法、指标评分法,到后来的综合指数法、模糊综合评价法、灰色关联评价法、人工神经网络评价法,评价模型越来越多且还在不断发展。对于所研究的评价对象,哪一种评价方法更实用、更科学,是需要思考的问题。

具体到对于公路路线方案的评价,当前各设计单位普遍采用的是经验判断方法,即借助专家和资深设计人员对路线设计领域的认识、经验,对路线方案的优劣进行主观判断。这种方法简单易行,且具有一定的科学性,但容易产生考虑不周全等问题。探索在路线方案比选中采用新的数学模型,对方案进行系统、全面的评价,避免人为主观错误,具有重要的实际意义。

5.5.1 评价模型的选择

近年来,随着相关领域研究的不断深入,各种新的多目标决策模型和方法不断涌现。不同的方法有各自的优缺点和适用范围。华南山区高速公路生态选线,相比传统的主要考虑技术经济指标的公路选线,需要更多地考虑自然环境、社会环境方面的目标和影响因素,而且对环境因素通常只能进行定性的描述,与技术经济指标相比更难以量化,因此,需要深入分析各种评价模型的特点,选择合适的方法。常见的多指标综合评价方法有以下几种。

1)层次分析法

层次分析法首先按问题的性质和要求建立从决策目标、决策原则到具体方案的层次结构,对各层元素之间的重要性进行对比并构造判断矩阵,确定两两比较的元素之间的权重优先性,然后计算出各元素相对于目标层次的相对重要性,以此作为决策的依据。层次分析法是定性分析与定量计算的结合,具有系统性强、计算简便等优点,是解决复杂的多准则、多目标决策问题的有效手段。

2)模糊综合评价法

模糊综合评价法是基于模糊数学的原理,将一些难以界定、不易量化的定性因素通过隶属度函数进行描述,再进一步通过建立模糊判断矩阵,对各目标因素进行权重的确定,最后进行模糊运算并将结果归一化,得到目标对象的综合评价值。这一方法较为简便且便于理解。

3) 人工神经网络评价法

人工神经网络评价法是通过建立神经网络模型,并预先对建好的模型进行训练学习、专家判断,再基于经过训练和学习的神经网络模型对数据进行模拟运算,得出综合评价结果。由于神经网络评价不需要人为对评价指标赋予权重,且具有自学习和适应能力,已在环境质量评价等领域广泛应用,并取得了较好的效果。

4) 灰色关联评价法

灰色关联评价法先确定一个理想方案,计算评价对象与理想目标之间的灰色关联度,以此来评价某具体方案的优劣。灰色关联评价法需要的信息量较少,在对离散、不规律的数据进行处理和评价方面具有一定优势。

5) 密切值法

用密切值法进行综合评价,需要先建立所有方案的指标矩阵,正向指标数据取正值,负向指标数据取负值,得到同向指标矩阵,然后对其进行标准化并计算"最优点"和"最劣点",再计算各备选方案与"最优点"的密切值,以此为依据评价方案的优劣。

6) 聚类分析法

用聚类分析法进行综合评价,首先确定评价对象的指标体系,然后根据各指标的具体含义,求出使各指标达到最优值的最佳样本,再选择一种距离度量样本之间的相似程度,最后计算各个方案与最佳方案的距离,以此来衡量各个方案的优劣程度。

5.5.2 模糊综合评价模型和步骤

5.5.2.1 模糊数学和模糊综合评价的原理

模糊数学是研究现实中许多界限不清问题的一个数学分支。这一数学方法最早是 L. A. Zadeh 于 1965 年发表的《模糊集合》提出的。此后,模糊数学经过不断的发展、完善,目前已广泛应用于模式识别、模糊决策等领域。模糊综合评价基于隶属度理论实现定性问题与定量问题的转化,然后建立判断矩阵进行模糊运算,对受多个因素控制的问题做出整体评价。

1) 模糊集的概念

普通集合中的元素必然完全满足该集合对特定属性的要求,其中的规定性是明确的。而模糊集合是某种程度上满足特定属性要求的所有元素的集合,例如"建设投资很大的公路",其中的"很大"并没有明确的数字标准,属于一种模糊的概念。模糊集合就是用来描述这种概念的。

2) 隶属度与隶属函数

隶属度是事物满足特定属性要求的程度,具体定义为:设 x 为模糊集合中的一个元素,A 为模糊集$[0,1]$区间内的一个映射,即对任意的 x 都有 $A(x)\in[0,1]$,则称 $A(x)$ 为 x 对模糊集的隶属度,或称 $A(x)$ 为模糊集的隶属函数。

5.5.2.2 模糊综合评价的具体步骤

1) 建立因素集,并将因素分类

影响评价对象的各因素所构成的集合被称为因素集,常用 U 表示:

$$U=\{U_1,U_2,\cdots,U_m\} \tag{5-1}$$

式中:U_i——第 i 个因素类,$i=1,2,\cdots,m$,每个 U_i 又有 n 个因素,即 $U_i=\{u_{i1},u_{i2},\cdots,u_{in}\}$,其中,$u_{ij}$ 为第 i 类因素的第 j 个因素,$j=1,2,\cdots,n$。对于方案综合评价,u_{ij} 代表各类具体指标。

2) 确定评语集

因素评价集 $V=\{V_1,V_2,\cdots,V_5\}=\{0.9,0.7,0.5,0.3,0.1\}$,即将评价指标分为 5 个等级,分别是优、良、中、差、极差,每个等级对应一个评分值,若某指标达到优的标准,得分值为 0.9,依此类推。

3) 确定单个指标对各评价等级的隶属度

隶属度的取值范围为 0~1,隶属度越大,说明评价指标越符合某个评价等级的标准。根据以上评价标准,评价指标的隶属度计算方法如下:

(1) 定量指标隶属度确定。

当第 i 项指标的数值达到相对应的"优"标准以上时,其隶属度为 1,对其他等级的隶属度为 0,即 $r_{i1}=1,r_{i2}=r_{i3}=r_{i4}=r_{i5}=0$;当第 i 项指标的特征量介于第 j 级和第 $j+1$ 级标准之间时,用线性内插的方式确定它对第 $j+1$ 级和第 j 级的隶属度,对其他等级的隶属度都为 0。

(2) 定性指标隶属度确定。

常采用专家打分法确定定性指标隶属度,根据打分结果进行计算。设共有 Z 名专家对某定性指标进行等级评价,若 Z 名专家中有 z_1 人的评价为 1 级(优),z_2 名专家对其评价为 2 级(良),z_3 名专家对其评价为 3 级(中),z_4 名专家对其评价为(差),z_5 名专家对其评价为 5 级(极差),则该指标对各级的隶属度为:

$$\left(\frac{z_1}{z}, \frac{z_2}{z}, \frac{z_3}{z}, \frac{z_4}{z}, \frac{z_5}{z}\right) \tag{5-2}$$

根据上述方法,可以得到某一类指标的评价矩阵 $\boldsymbol{R}$:

$$\boldsymbol{R} = (R_1, R_2, \cdots, R_n)^{\mathrm{T}} \begin{bmatrix} r_{11} & r_{12} & \cdots & r_{1m} \\ r_{21} & r_{22} & \cdots & r_{2m} \\ \vdots & \vdots & & \vdots \\ r_{n1} & r_{n2} & \cdots & r_{nm} \end{bmatrix} \tag{5-3}$$

(3) 确定指标权重。

为了表征各项具体指标在方案综合评价中的重要性,为每个指标赋予相应权重,权向量表示各指标所占权重,即 $\boldsymbol{W} = \{a_1, a_2, \cdots, a_m\}$,其中 $a_1 \geq 0$,$\sum a_i = 1$。目前已有多种指标赋权方法,本研究采用层次分析法赋权。

5.5.3 层次分析法确定指标权重

采用层次分析法确定指标权重,需要首先确定指标体系的整体层次结构,通过对各个指标重要程度进行两两比较构造判断矩阵,并对特征值和特征向量进行计算,最后通过归一化得到各指标权重。此外,还需进行一致性检验,检查评价者在比较指标重要性的过程中逻辑是否一致;如果不一致,则需要重新比较和计算。具体过程如下。

1) 确定评价指标的层次结构

按照综合评价的目标,将问题分为若干不同的层面,建立分层结构模型,确保指标之间具有独立性。对于本研究来说,将评价指标分成三层,分别目标层、准则层和指标层。

2) 比较指标之间的相对重要性

以数字的形式表示专家两两之间的评级结果,对各层次指标的相对重要程度进行比较,建立权重判断矩阵。描述指标相对重要程度的方法有九标度(1~9)法和三标度(0~2)法等,但是这两种方法在实际运用中都存在不足,例如一个指标只比另一个稍显重要,但按照九标度法则该指标权重是后者的3倍,与人们的认识存在明显差异。采用改进的九标度法:$(9+k)/(11-k)(k=1,2,\cdots,9)$,即标度值分别为1、1.22、1.5、1.86、2.33、3、4、5.67、9。两种标度方法的标度值及含义见表5-1。

两种标度方法的标度值及含义　　　　表5-1

九标度法	改进的九标度法	具体含义
1	1	两个指标的重要程度相等
3	1.5	前者比后者稍显重要
5	2.33	前者比后者明显重要
7	4	相比之下前者特别重要
9	9	相比之下前者极端重要
2,4,6,8	1.22,1.86,3,5.67	介于上述重要程度之间

3)构造判断矩阵,并求解其特征向量和特征值

基于两两比较得到的数据构造判断矩阵,对矩阵最大特征值进行求解,对特征向量进行归一化处理之后,得到准则层内各指标(或各准则层)的权重组成的权向量。

4)一致性检验

由于评价对象的复杂性,当指标数量较多时,可能使得在比较各指标重要程度时出现逻辑矛盾。例如A指标比B指标重要,B指标又比C指标重要,则A指标明显比C指标重要。为保证数据的科学性,需进行一致性检验:

(1)计算一致性指标CI。

$$CI = \frac{\lambda_{max} - n}{n - 1} \tag{5-4}$$

式中:λ_{max}——判断矩阵A的最大特征值;

n——A的阶数。

CI是评价判断过程中一致程度的数量标准。

(2)查找对应的随机一致性指标RI。

对于1~9阶判断矩阵,一致性指标RI见表5-2。

判断矩阵随机一致性指标 RI 表　　　　　　　　　　　　　　　表 5-2

n	1	2	3	4	5	6	7	8	9
RI	0	0	0.58	0.94	1.12	1.24	1.32	1.41	1.45

（3）计算一致性比例 CR。

$$CR = \frac{CI}{RI} \tag{5-5}$$

根据已有研究,当 CR<0.1 时,判断矩阵的数据之间存在一致性;否则,须对判断矩阵中的元素进行调整,再进行计算检验,直至判断矩阵的 CR<0.1,即满足一致性要求为止。

综上,生态选线方案评价指标权重计算步骤如下：

（1）各准则层占总目标的权重。

准则层权重判断矩阵见表 5-3。

准则层权重判断矩阵　　　　　　　　　　　　　　　　　　表 5-3

指标	自然环境指标	社会环境指标	技术经济指标	权重
自然环境指标	1.00	1.22	0.67	0.301
社会环境指标	0.82	1.00	0.54	0.245
技术经济指标	1.50	1.86	1.00	0.454

经计算,矩阵的最大特征值为 3,特征向量为（-0.50542,-0.4108,-0.7596）,对特征向量归一化得到权向量 W =（0.301,0.245,0.454）。

通过一致性检验得到 λ_{max} =3,CI=RI=CR=0,即存在一致性。

（2）自然环境指标权重计算。

自然环境指标权重判断矩阵见表 5-4。

自然环境指标权重判断矩阵　　　　　　　　　　　　　　　　表 5-4

指标	土地节约利用	环境敏感点避让	野生动物保护	森林植被保护	水资源环境保护	环保投资	桥隧比	水土流失防治	权重
土地节约利用	1.00	0.67	0.82	0.82	0.67	1.22	0.67	1.22	0.105
环境敏感点避让	1.50	1.00	1.50	1.22	1.22	1.86	1.50	1.86	0.174

续上表

指标	土地节约利用	环境敏感点避让	野生动物保护	森林植被保护	水资源环境保护	环保投资	桥隧比	水土流失防治	权重
野生动物保护	1.22	0.67	1.00	0.82	0.82	1.22	0.67	1.50	0.116
森林植被保护	1.22	0.82	1.22	1.00	0.82	1.50	1.22	1.22	0.136
水资源环境保护	1.50	0.82	1.22	1.22	1.00	1.22	1.22	1.50	0.146
环保投资	0.82	0.54	0.82	0.67	0.82	1.00	0.82	1.22	0.100
桥隧比	1.50	0.67	1.50	0.82	0.82	1.22	1.00	1.50	0.133
水土流失防治	0.82	0.54	0.67	0.82	0.67	0.82	0.67	1.00	0.090

经计算，$\lambda_{max}=8.0475$，对特征向量进行归一化后得到权向量 $W_1=(0.105,0.174,0.116,0.136,0.146,0.1,0.133,0.09)$。

进行一致性检验：$CI=0.0068$，$RI=1.41$，$CR=0.0048<0.1$，一致性检验通过。

(3) 社会环境指标权重计算。

社会环境指标权重判断矩阵见表5-5。

社会环境指标权重判断矩阵　　　　表5-5

指标	拆迁面积	景观协调度	公众参与程度	节点可达性	与区域交通规划协调	对沿线地区经济拉动	对农业生态的影响	资源节约利用	权重
拆迁面积	1.00	1.22	0.82	1.22	1.22	0.67	0.82	1.50	0.124
景观协调度	0.82	1.00	0.67	0.82	0.82	0.54	0.67	1.22	0.100
公众参与程度	1.22	1.50	1.00	1.50	1.22	0.82	1.22	1.50	0.150
节点可达性	0.82	1.22	0.67	1.00	0.82	0.67	0.82	1.22	0.107
与区域交通规划协调	0.82	1.22	0.82	1.22	1.00	0.67	0.82	1.22	0.116
对沿线地区经济拉动	1.50	1.86	1.22	1.50	1.50	1.00	1.22	1.86	0.175

续上表

指标	拆迁面积	景观协调度	公众参与程度	节点可达性	与区域交通规划协调	对沿线地区经济拉动	对农业生态的影响	资源节约利用	权重
对农业生态的影响	1.22	1.50	0.82	1.22	1.22	0.82	1.00	1.50	0.138
资源节约利用	0.67	0.82	0.67	0.82	0.82	0.54	0.67	1.00	0.09

经计算,$\lambda_{max} = 8.0176$,对特征向量归一化得到权向量 $W_2 = (0.124, 0.1, 0.15, 0.107, 0.116, 0.175, 0.138, 0.09)$。

进行一致性检验:CI=0.0025,RI=1.41,CR=0.0018<0.1,一致性检验通过。

(4)技术经济指标权重计算。

技术经济指标权重判断矩阵见表5-6。

技术经济指标权重判断矩阵　　　　　表5-6

指标	路线长度	工程投资	桥梁工程数量	隧道工程数量	路基土石方	工程地质条件	地形条件	权重
路线长度	1.00	0.54	0.82	0.67	1.22	0.67	0.82	0.11
工程投资	1.86	1.00	1.50	1.22	1.86	1.22	1.50	0.197
桥梁工程数量	1.22	0.67	1.00	0.82	1.50	0.67	1.22	0.134
隧道工程数量	1.50	0.82	1.22	1.00	1.50	0.82	1.22	0.156
路基土石方	0.82	0.54	0.67	0.67	1.00	0.54	0.82	0.098
工程地质条件	1.50	0.82	1.50	1.22	1.86	1.00	1.50	0.181
地形条件	1.22	0.67	0.82	0.82	1.22	0.67	1.00	0.124

经计算,$\lambda_{max} = 7.0139$,,对特征向量归一化得到权向量 $W_3 = (0.11, 0.197, 0.134, 0.156, 0.098, 0.181, 0.124)$。

进行一致性检验:CI=0.0025,RI=1.41,CR=0.0018<0.1,一致性检验通过。

5.6 华南山区高速公路生态选线的步骤

选线工作贯穿公路建设前期的全过程,是最终进行公路建设的重要基础。走廊带选择、路段方案比较以及局部线位的优化论证是路线选择的三个阶段(图5-1)。第一个阶段又可以分为走廊带选择和工程建设规模研究,主要是对整个项目的可行性进行评价和研究。第二阶段是工作量较大、需要深入研究的阶段，也是三个步骤中最为关键的一步，主要是进行初步设计、可行性研究以及技术设计。第三个阶段则是对初步设计和施工图进行优化。

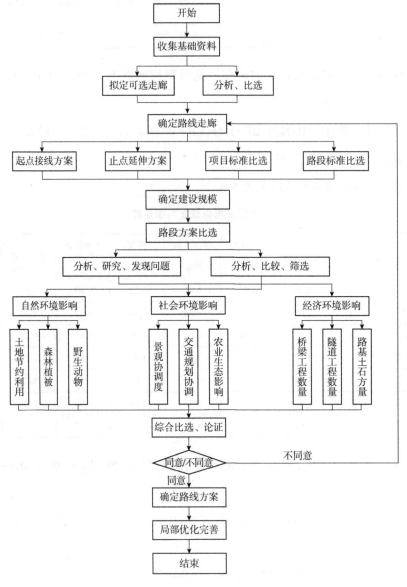

图 5-1 选线步骤

选线的三个阶段互相独立又互相影响。上一个阶段为下一个阶段的基础，各阶段循序渐进。随着各阶段研究工作的深入，研究范围逐渐越来越精细，研究深度也越来越深，工作内容也从宏观变微观。总体来看,各阶段工作之间的协调有助于后期研究成本的降低以及研究效率和研究质量的提高。

5.7 本章小结

本章探讨了常用的指标筛选方法,确定了华南山区高速公路生态选线评价指标;通过对水文、生物、地质灾害敏感要素的分析,构建华南山区高速公路生态选线方法;通过对建设限制要素、资源利用要素、社会需求要素的分析,构建华南山区高速公路生态选线方案评价指标体系,提出了华南山区高速公路生态选线步骤。

第6章 工程实例分析

6.1 工程概况及方案介绍

6.1.1 工程概况

惠清高速公路,即汕湛高速公路惠州至清远段,路线全长125.277km,位于广东省中部。该工程既是汕湛高速公路的重要组成部分,也是广东省重点建设项目,于2016年底开工,2019年底建成通车,是广东省高速公路网规划的重要路线之一。

作为广东省2016年交通科技示范工程和生态景观林带示范路,惠清高速公路于2017年1月被列入交通运输部第二批"绿色公路建设典型示范工程"。惠清高速公路已立项广东省交通运输厅重大科技计划项目"亚热带生态敏感山区高速公路绿色建设关键技术与示范"和5个市场主导性课题。作为绿色公路示范工程,该项目不仅开展了科技攻关项目,而且重点应用一批成熟的绿色、循环、低碳、环保技术成果,为建设绿色公路保驾护航。同时,惠清高速公路是广东省内重要的旅游景观通道,公路沿线分布有南昆山生态旅游区、清远笔架山等几十个风景名胜区、生态严控区、自然保护区以及森林公园,生态资源丰富。

6.1.2 沿线环境特征

1)河网密布,地形地貌复杂

惠清高速公路位于南岭山系的东部,所在区域地形地貌复杂,以丘陵、中山盆地和冲积平原的剥蚀残丘地貌为主,西部为低丘陵和冲积平原,中部为中低山和丘陵,而东部为盆地和中低山,整体地势中高两端低。区域水系发达,河网密布,主要有珠江流域的东江水系和北江水系。河流总体由北向南流,工程跨越河流近百次。由于特殊的地形地貌特点,惠清高速公路桥梁、隧道数量众多,桥隧比达51.5%,高陡边坡随处可见,取土、弃渣场地分散。

2）山洪、滑坡、极端气候频发

惠清高速公路所在区域为亚热带季风气候。春季潮湿温暖，夏季炎热多雨，秋季干燥凉爽，冬季较短。整体来看，全年阳光充足，雨量充沛。多年平均降水量为2104.5～2284.8mm，年最大降水量为2779.7～3139.0mm。由于降水量充沛、来势猛、范围大，持续时间较长的暴雨和特大暴雨常是山洪和山体滑坡等灾害的诱发因素。

3）水体敏感，生态环境脆弱

广东太和洞省级森林公园、清新太和洞县级自然保护区以及从化五指山景区等自然保护区、森林公园、生态严控区分布在惠清高速公路沿线，环境极其脆弱，项目建设、运营过程中的水土流失、噪声、烟尘、废水及垃圾等势必对环境造成较大的破坏和污染。因此，要充分重视生态敏感山区公路建设的环境影响和节能减排问题。

项目跨越流溪河光倒刺鲃国家级水产种质资源保护区、从化区街口水厂饮用水源准保护区等多个水环境敏感区，如何进行敏感水体保护也是项目建设面临的主要问题。

4）路线交叉，交通组成多样

作为广东省高速公路网规划主骨架的重要路段，惠清高速公路直接与广河、大广、京珠、广乐、清连等高速公路相连，并连接国道G105、G106等重要道路以及广东省中部各地，是连接珠三角地区与粤北山区的东西向重要通道，交通量较大。同时，途经三市、五县（区）、十镇，沿线经济发展迅速，工厂密布，交通组成复杂多样。因此，对工程耐久性、低碳节能、运营组织管理与交通安全保障提出了挑战。

5）风光旖旎，旅游资源丰富

项目串联了沿线丰富的旅游资源，是体验惠清山水人文的自驾风景路线之一。沿线旅游资源包括广东太和洞省级森林公园、南昆山国家森林公园、南昆山省级自然保护区、从化五指山景区、广东油田省级森林公园、太和洞县级自然保护区、惠州大观园生态度假区、流溪河光倒刺鲃国家级水产种质资源保护区、从化温泉自然保护区、清远飞来峡水利枢纽区等多处森林公园、风景名胜区和自然保护区。

一方面，在高速公路建设过程要将其与附近的生态和自然景观相结合，采取一定的工程技术措施，提高高速公路与周围自然环境的协调度，将景观设计理念融合在高速公路的建设过程中；另一方面，高速公路的基本运输服务品质要得到保证，出行服务系统要更加人性化和智能化,以满足当地人民群众的出行需求。

6.1.3 沿线自然特征

6.1.3.1 工程地质

本工程位于广东省中北部低山丘陵地貌区,主要受北东向和近东西向构造的控制。依据地质地貌特征,本区工程地质分区可分为四类。

1)中低山区

主要为低山地貌,局部有稍高的中低山,海拔高度600~1400m,地形相对高差一般为200~300m,主要分布于路线带中部。由花岗岩及少量寒武系、泥盆系、侏罗系等地层组成,花岗闪长岩、花岗岩以及碎屑岩类为当地的主要岩石种类。沟谷侵蚀强烈,边坡稳定性较差。不良地质现象有滑坡、不稳定边坡等,应注意边坡开挖后的保护。

2)低山丘陵区

为海拔高度小于800m、切割深度小于50m的较低起伏地貌区,无固定的山脊,构成丘陵地貌的岩性主要有白垩系、石炭系花岗岩、花岗闪长岩等。不良地质现象较少,主要工程地质问题是局部开挖可能造成边坡失稳。

3)低丘-平原区

主要是盆地区,地势低平,盆地中有较低缓的丘陵及冲积扇台地。主要组成地层为中、新生界疏松碎屑岩和土体及风化较强烈的花岗岩。该区不良地质现象少,主要工程地质问题是河流阶地中的富水区可能存在淤泥、软土。

4)河流谷地-冲积平原区

主要为北江及其支流形成的河流谷地-冲洪积平原地带,在遥感图像上呈块状盆地或条带状低地。地层主要为第三系与第四系。主要构成为砂砾石、砂土、砂质黏土、粉土等。砂土液化、软土泥沼以及河流边岸冲刷等不良地质现象频发。

6.1.3.2 不良地质现象

主要发育岩溶塌陷、崩塌、滑坡、软土和曲流河的边岸冲刷等不良地质现象。

1)岩溶塌陷

岩溶塌陷是本工程沿线石炭系和二叠系灰岩中发育的不良地质现象。受构造作用的影响,该地层中的灰岩、白云岩岩石破碎程度较高,岩溶的发育程度较高,易于遭受溶蚀而生成溶洞。岩溶现象主要发育在路线带东部石炭系和二叠系分布区。

2)软土泥沼

在盆地及河流谷地中发育的冲积层中,发育有大量的第四系淤泥质堆积,特别是河流阶地上水田及水塘较多,沉淀了大量的淤泥质软土,区内的软土主要分布在大镇盆地和英德盆地中,工程建设中应予以处理或避让。

3)崩塌、滑坡

主要发育在低山地貌区,集中分布在下古生界、泥盆系和侏罗系的泥岩、页岩、黏土岩夹薄层砂岩、灰岩、泥灰岩等层位中。由于该区褶皱和断裂构造发育,地层产状较陡,河流等的冲蚀和人为对边坡坡脚的破坏往往造成边坡失稳,在边坡与地层倾向一致的边坡易出现滑坡,节理发育的陡坡则容易出现崩塌。

4)曲流河边岸冲刷

设计带内的河流凹岸河水发生侧蚀,导致边岸产生崩塌和滑坡。工程建设中应在这些区域进行设防。

5)断裂

断裂构造使岩石破碎,对工程建设有一定的影响。断裂带内发育角砾岩、碎裂岩等,它们胶结疏松、稳定性极差,工程建设中应引起重视。

6.1.3.3 河流

本工程所在水系主要为珠江流域的北江水系。珠江由东江、北江、西江三大水系构成,流域范围跨越云南、贵州、广西、广东、湖南、江西6省(自治区),流域面积达45.37万 km^2,年径流总量仅次于长江,径流量位列我国第二。珠江流域内多山地和丘陵,占流域面积的94.5%;平原面积小而分散,仅占流域面积5.5%。总的地势是西北高,东南低。

北江发源于南岭山地,流域面积为4.67万 km^2,全长468km,占珠江流域总面积的10.1%。其上游的西源出自湖南省临武县的武水,东源出自江西省信丰县的浈水,在广东省韶关市相汇后称作北江。北江径流深度达1050mm,远大于西江(697mm)和东江(853mm),年径流量约为全珠江总量的14%。翁江、连江、绥江等为北江的主要支流。北江上游流经红色砂岩分布区。路线经过的主要河流有北江干流、潖江。潖江全长82km,

流域面积1386km², 发源于佛冈县水头镇上潭洞村的通天蜡烛顶。

6.1.3.4 水库

本工程沿线主要有黄竹坑水库、良洞水库和虎形山水库, 上跨黄竹坑水库和虎形山水库。

1) 黄竹坑水库

位于清远市飞来峡镇, 集水面积4.35km², 总库容0.03亿m³左右, 属小型水库。

2) 良洞水库

位于清远市镇佛冈, 集水面积7.52km², 总库容0.08亿m³左右, 属小型水库。

3) 虎形山水库

位于清远市, 集水面积1.39km², 总库容0.003亿m³左右, 属小型水库。

6.1.3.5 土壤

花岗岩、石灰岩及其他岩石为该地区的主要岩石类型。由于受到自然条件的影响, 各种岩石会风化, 成为不同的自然土。其中以红壤为主, 还有少量的紫色土和石灰土。受到亚热带季风气候的影响, 土壤的抗侵蚀能力较差, 容易产生面蚀。受到高温和多雨气候条件的影响, 项目区花岗岩上的赤红壤和红壤风化作用极其强烈, 容易形成较为深厚的风化壳, 分布在剥蚀低山丘陵地带。这一类型的土壤中矿物养分较多, 富含磷和钾, 但是缺乏有机质。土层较浅, 土壤黏性较差, 主要分布于盆地和丘陵地带。

6.1.3.6 植被

项目沿线位于亚热带季风气候地带, 植被为亚热带常绿阔叶林, 热量充足, 雨量充沛, 植物资源丰富。森林资源分布不均, 总体呈西多东少的格局。植被的组成种类多样, 其主要植被可分10个植被型、25个植被亚类。大戟科、山矾科、梧桐科、壳斗科、山茶科、樟科、桃金娘科以及杜英科等为当地的主要优势植被种类。原生植被在长期人类活动破坏下大部分消失, 少量植被在遭受破坏后变得稀疏, 甚至变成灌木丛、草坡和草地。

工程沿线植被多为人工林、次生林, 林草覆盖率达60%以上, 人工种植的桉林、杉木林、相思林、马尾松林和竹林等为现状植被的主要种类(图6-1)。此外, 周围还分布了果园, 大面积种植荔枝、杧果、龙眼等。

图 6-1 沿线植被状况

6.1.4 沿线社会和经济特征

6.1.4.1 社会经济状况

清远市位于广东省中北部,北部与湖南、广西接壤,南部与广州和佛山相连,西部与肇庆市相邻,是广东省内面积最大的地级市,也是广东省主要的少数民族聚居地。全市总面积19153km^2,下辖3县2区,3县分别为连南瑶族自治县、连山壮族瑶族自治县以及佛冈县,2区分别为清城区、清新区。清远市还是广东省主要的矿产区之一。此外,该地地下热水矿较多,被称为"中国温泉之乡"。生物资源也较为丰富,是我国南方珍稀动植物的物种基因库,有以森林为主体的动植物共生生态系统。

6.1.4.2 交通情况

本工程位于广东省珠三角地区与粤北山区的接合部,是广东省北部地区公路网的重要组成部分,具体有省道S355线、S354线和S252线。另外,部分南北纵向道路(如国道105线、国道106线、京珠高速公路等)与本工程相交,起到了一定的连接作用。

6.1.4.3 土地利用状况

广东省是我国人多地少的省份之一,陆地总面积为17.98万km^2,有"七山一水二分田"之称。全省土地中适宜进行农业耕作的土地面积为33008km^2,宜林地有125791km^2,适宜进行林地种植以及放牧的土地面积为600km^2,分别占全省土地总面积的18.5%、70.5%和0.3%。

根据《广州城市总体规划(2011—2020)》和《清远市城市总体规划(2011—2020)》,本工程建设区及周边用地以一般耕地、林地、城镇居民用地、交通用地为主,跨越部分水系。占地类型多为林地、耕地,少量为园地和其他用地,不占用基本农田。

沿线以丘陵和冲积平原地貌为主,局部山坡坡度较陡,平原以及丘陵间洼地分布大量高标准基本农田,路线无法完全避开高标准农田,增加了项目建设协调的难度。同时,沿线分布大量经济作物,尤其以荔枝、龙眼、火龙果等果树为主,增加了征地难度和代价。对于高标准农田,在勘察设计过程中如何绕避、能否占用、占用的补偿标准等都是需要重点关注的问题。

6.1.5 主要技术标准

公路等级:高速公路。

设计速度:100km/h。

设计荷载:公路—Ⅰ级。

设计洪水频率:除特大桥为1/300外,其余桥涵、路基等均为1/100。

路基宽度:33.5m,新建六车道断面。

地震动峰值加速度系数:0.05g(g为重力加速度)。

6.2 生态调查与数据采集

6.2.1 生态调查

6.2.1.1 调查内容

本研究分析和评价的基础为生态本底评价指标。基于无人机遥感方式结合多源遥感数据对惠清高速公路展开生态本底调查。针对华南山区,选取了共5项指标(植被覆盖指标、土壤侵蚀指标、地形坡度指标、水环境指标以及土地利用类型)对生态本底开展研究。

6.2.1.2 确定研究范围

公路生态系统的研究边界一般来说较为模糊。研究范围和研究对象的不同,意味着研究系统的边界不同。在分析公路的小气候效应时,要考虑周围的湿度、温度、风、土壤等小型区域的环境条件会有所差别。在一段时间的演变之后,周围的景观元素会因为局部地区的差异产生不同的情况,出现不同生物物种且呈现出独特的过渡性。这一特征可用来确定公路生态系统的边界。公路生态系统边界的确定是否合理关系到公路生态系统的评价。公路生态系统的边界应该是各研究对象边界的集合，是其他研究对象边界的函数且与各影响分析因素有关。

6.2.1.3 基于空间关系的环境敏感性调查与分析

1）环境敏感区

高速公路建设过程不可避免地会涉及一些生态系统较为特殊、敏感的湿地或自然保护区等，尤其以自然保护区对公路建设的要求更为严格。此外，在高速公路建设过程中也有可能会对沿线的学校、医院和居民点等进行拆迁。

2）水土流失影响的调查

水土流失会严重破坏水土资源，造成河床和水库的损坏，加剧洪涝灾害，导致土壤肥力下降，引发泥石流和山体滑坡等自然地质灾害，还会影响高速公路建设和运营安全。因此，在进行公路选线时，应充分收集相关资料，进行合理布局，尽可能地避免造成严重的水土流失。

在前期对高速公路建设进行现场调查和评价的过程中，需要对沿线的水土流失现状、地形地貌、地质条件、植被覆盖率、降雨量、土壤侵蚀类别以及土壤的侵蚀模数等进行综合了解。

3）土地资源调查

土地资源关乎国计民生，因此，在高速公路建设过程中，应该减少对于土地资源的占用，通过采取各种手段利用废弃土地，以提高土地资源的利用率。

6.2.1.4 调查时间

研究团队在项目可行性研究通过评审后开始制订现场调研计划。于2018年7月进行了第一次现场调研，对惠清高速公路路线走廊带有了一个真实的认识，并在第一次调研结果的基础上制订了第二次现场调查计划。经过讨论完善，于2018年10月开展了第二次详细现场调查，历时半个月。与现场调查工作同步进行的工作还包括基础地理信息资料、环境敏感区资料、遥感资料的收集以及文献查新和综述总结工作。

6.2.1.5 调查手段

路域生态评价因子涉及水文、地形、土地利用等空间信息，可以使用GIS作为管理路域生态评价空间数据的有效工具。GIS 可以对空间数据进行采集、储存、检索、计算、图形制作和空间分析等,能够将拟建高速公路的不同格式的图像资料和数据等综合储存并进行计算,便于局部分析及整体决策,而且方便检查、更新空间信息,为进行生态评价分析提供了数据支持。GIS 可以建立仿真模型,通过虚拟现实技术可以使专家对当地情况进行整体、深入的了解。生态数据是生态分析和评价的基础,一般通过实地调研和测量获取;但大范围的路域生态选址采用该方式会较为复杂,且数据量较大,不便于相关调查的开展。RS 技术和 GPS 技术是解决这一问题的有效手段。

RS 技术能够对不同时间序列上从局部到大范围内的现象进行综合的分析,能够获取大范围、多时段的地表信息,还可以进行景观分析、制作专题地图以及三维地貌影像。

GPS 技术弥补了 RS 技术的不足,能够将 RS 技术所获取的数据导入 GIS 中进行数据分析,并且能够保证 RS 数据与地面数据的同步配准。

根据工程可行性研究资料、项目开工前环境影响评价报告及野外实地调查,综合考虑拟建高速公路沿线自然和社会环境,结合 3S 技术,通过现场调查和遥感影像分析,提取本项目的自然景观资源、人文景观资源的特征和分布情况。

本研究使用的植被调查方法共有两种。方法一为样带调查;方法二为运用 Landsat、ALOS、GF-1、GF-2 及 QuickBird 高分辨率遥感影像,结合无人机航空摄影测量技术(图 6-2),开展样方调查,对样方范围内的植物高度、种类、盖度、频度等进行调查,并对样方的经纬度和高程进行记录,统计群落内所有个体的种类与个体数量,探究研究区域内的生态本底。

图 6-2 获取现场无人机影像

6.2.1.6　调查原则

1）科学性与可操作性

生态调查必须以生态学、自然地理学为指导,科学、高效地在现有设备和技术的基础上开展,调查的内容与方法须符合实际情况。

2）合理与高效性原则

对拟开展的调查和取样工作要综合考虑、统筹安排,合理分配人力、物力和时间,力争在有限的调查时间段内达到最优的调查结果。

3）针对性原则

针对典型路段的实际情况制订生态调查计划,设计的调查内容和方法等必须与当地条件相符合,做到有的放矢,力争使现有设备和资源的利用效率达到最高。

6.2.1.7　调查路线

调查沿惠清高速公路进行,重点调查了项目沿线自然环境、环境敏感区等的情况。

6.2.2　植被因子

生态系统范围内的植被种类是生态系统的一个重要指标,反映了人类活动对生态环境影响的大小。惠清高速公路沿线亚热带山区原生植被破坏比较严重,但南昆山国家森林公园内的植被保存相对完好,对研究区域植被种类以及分布范围、对于后期的生态选址具有重要的意义。

6.2.2.1　卫星遥感数据源

1）ALOS

ALOS为日本的对地观察卫星,载有全色遥感立体测绘仪(PRISM)、相控阵型L波段合成孔径雷达(PALSAR)以及先进可见光与近红外辐射计(AVNIR-2)3个传感器。该卫星于2006年1月24日发射升空。

ALOS影像被广泛用于森林分类、碳储量估算、土地利用、农业动态监测、城市信息提取以及各领域的定量遥感中。本研究所采用的多光谱影像及ALOS卫星全色波段影像成像于2010年8月。选取原因为:多光谱影像空间分辨率较高,为10m;全色波段影像具有较高的空间分辨率,为2.5m。

2) Landsat 8

本研究采用的 Landsat 8 影像成像时间是 2017 年 12 月（图 6-3）。

图 6-3　惠清高速公路沿线 Landsat 遥感影像图

植被覆盖指标（NDVI）可以用于衡量研究区域植物生长状况以及植被的分布密度，该值越高，则说明该地区的植被覆盖率越高，而植被覆盖率越高，地图上颜色也会变得更深（图 6-4）。根据实际调查结果，该数值小于 0.2 的区域植被分布较少，而大于 0.2 的区域植被分布较多。据此，建立了植被指数分级表，见表 6-1。

图 6-4　惠清高速公路沿线 NDVI 图

惠清高速公路沿线植被指数分级表　　　　　表 6-1

等级	植被覆盖	NDVI	赋值
5	非常好	>0.6	9
4	很好	0.5~0.6	7
3	好	0.5~0.6	5
2	差	0.5~0.6	3
1	非常差	<0.2	1

6.2.2.2 无人机遥感数据源

本研究使用的遥感平台主要包括无人机及云台系统,皆由 DJI 开发,包括飞行器和遥控器,以及配套的 DJI GO App。该无人机配备 3 套惯性测量单元(IMU)和全球导航卫星系统(GNSS)模块,且进行了避振设计。为了保障稳定、可靠飞行及实现精准操控,无人机拥有多个导航系统。当某一传感器出现异常时,冗余的导航系统会立即切换至另一套传感器。该无人机提供最大 6.0kg 的有效载质量,使其能够额外挂载云台,为高光谱成像仪提供更为稳定的应用环境。DJI 经纬 Matrice 600 Pro 无人机基本参数见表 6-2。

DJI 经纬 Matrice 600 Pro 无人机基本参数　　表 6-2

属性	参数
单臂长	483mm
机身质量(含电池)	10kg
最大起飞质量	15.5kg
满载续航时间	18min
最大可承受风速	8m/s
最大水平飞行速度	18m/s
最大飞行高度	500m

对航拍影像进行人工识别并构建数据库的过程中发现,随着无人机飞行高度的增加,采集到的可见光影像的清晰度会有不同程度的下降。在试验区域内以 10m 高度为间隔,选择在同一地点获取的高度不同的 6 张航片,选取其中一张清晰度较高的航片,标记出其中植被类型较为丰富且边界部分较为复杂的一小部分区域作为人工识别的比对范围(图 6-5),将这一小部分区域从不同高度的航片中截取出来。为方便对比,将截取的所有图片放大到相同大小。

图 6-5　比对范围

可以很明显地看出,20m 和 30m 高度的无人机可见光影像最清晰,植被的纹理和形状特征明显,不同种植被间的边界明显、易于区分,在此高度下,肉眼对无人机可见光影像中植被的识别效果最好;无人机拍摄高度上升高到 30m 和 40m,航片的清晰度虽然有所下降,但是植被间的边界仍然较为清晰,通过航片中植被的纹理和形状特征可以将不同类别的植被识别出来;在无人机的拍摄高度上升到60m之后,航片的清晰度大幅降低,航片中植被的信息变得模糊,边界也难以区分,在此高度下肉眼难以界定植被类型。为进一步验证高度对人工识别效果的影响,将取样高度设定在70m,这一高度下的航片更模糊,凭肉眼无法做到对植被的准确识别(图6-6)。

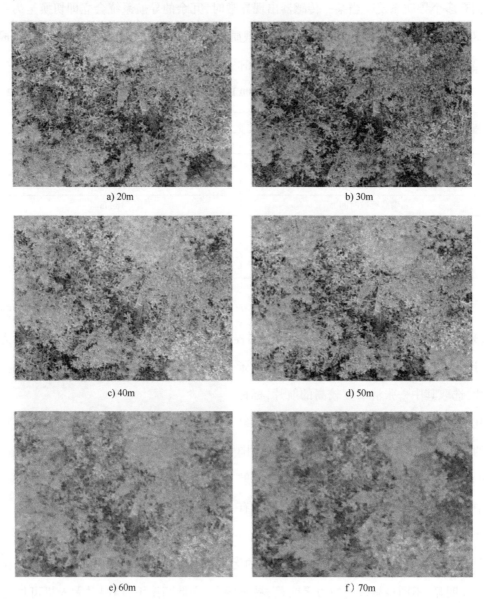

a) 20m　　　　　　　　　　　　b) 30m

c) 40m　　　　　　　　　　　　d) 50m

e) 60m　　　　　　　　　　　　f) 70m

图6-6　在同一地点获取的高度不同的6张航片

通过利用无人机搭载微单相机,研究团队在南昆山附近控制无人机起飞并定点悬停,以约100m的半径围绕起飞点做逆时针绕圈飞行,在10个预设航点进行悬停和拍照,飞行高度分别为100m和50m,自动拍摄间隔为3s,航线全长1150m,航速为5m/s。设计重叠率为60%。在研究区进行2次拍摄工作,飞行时长每次不超过10min,最终共获得普通光学图像288张,重叠率为50%。经过筛选以后,利用现有经校正的0.5m分辨率航拍影像作为参照底图,利用无人机处理软件PIX4Dmapper对数据进行处理,计算原始影像外方位元素,利用算法和区域网平差技术对影像进行自动校正,并将所有的飞行数据拼接为研究区域的镶嵌图。将该图进行放大后,对单一树种冠层影像进行提取。影像提取前,采用三种方法对目标进行识别:首先是树种冠层影像;其次是树种冠层影像和镶嵌图;最后是将个体的GPS位置与实地相匹配后再进行识别。

6.2.3　地形坡度因子

地形和坡度是研究地形地貌情况的重要指标,对公路选线以及公路建成后的运营和养护具有重要的意义。此外,地形地貌也是地质灾害的控制因素之一。惠清高速公路沿线山体阴影图如图6-7所示,惠清高速公路沿线坡度图如图6-8所示。

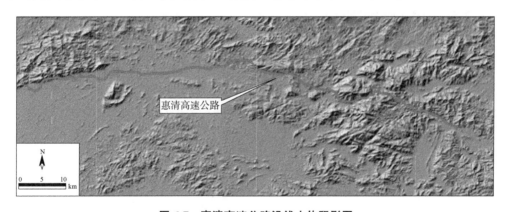

图6-7　惠清高速公路沿线山体阴影图

6.2.4　土地利用类型因子

公路的设计、施工以及养护等需要在参考土地利用类型的基础上展开。惠清高速公路沿线土地利用图如图6-9所示。

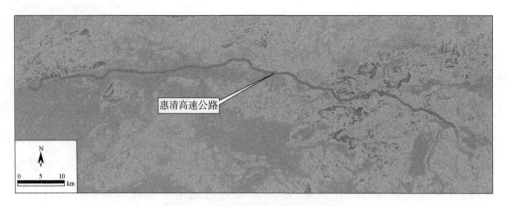

图 6-8　惠清高速公路沿线坡度图

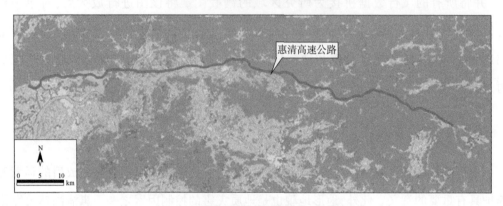

图 6-9　惠清高速公路沿线土地利用图

6.2.5　土壤侵蚀因子

由于亚热带山区土壤侵蚀力强,成土速度较慢,并且在公路建设过程中会产生一定的施工废弃物、建筑垃圾和生活垃圾,这些均会对建设区域内的土壤造成破坏,并进一步扰乱土壤的结构和发育层次,破坏其土壤属性。项目沿线土壤侵蚀等级分布图如图 6-10 所示。

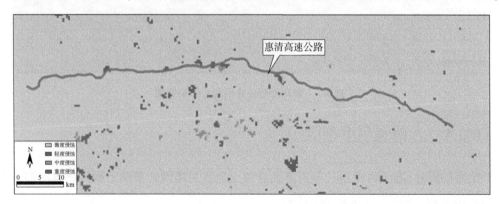

图 6-10　惠清高速公路沿线土壤侵蚀等级分布图

6.3 路线优选与评价

6.3.1 路线主要技术方案及投资对照

麻埔水库至麻溪头路段比选工作主要为南昆山旅游区过境段及南昆山特长隧道隧址的比选,主要控制点为七星墩水库、永汉河、南昆山规划地块、南昆山立交位置等,从尽可能绕避环境敏感点并考虑地方经济发展角度,布设了相对七星墩水库由远及近的 A2 线、K 线、A3 线。

主要方案对比如下。

1) 工程规模

相比 K 线,A2 线路线加长 325m,桥梁减短 1898.5m,隧道加长 2969m。

相比 K 线,A3 线路线减短 361m,桥梁加长 1193.5m,隧道减短 2415m。

经测算,相比 K 线,A2 线造价高 3.814 亿元,A3 线造价低 2.813 亿元。

2) 对环境敏感点的影响

该路段主要环境敏感点有七星墩水库、麻埔水库、永汉河。七星墩水库为广东省村村通自来水工程规划水源地,目前主要功能为防洪及灌溉。

K 线方案完全绕避了七星墩水库,该方案跨越麻埔水库、永汉河,施工期间存在一定影响。

A2 线方案完全绕避了七星墩水库、麻埔水库、永汉河。

A3 线方案跨越麻埔水库、永汉河及七星墩水库(采用 1 跨跨越),施工及运营期会存在影响。

总体而言,A2 线对环境敏感点影响最小,其次为 K 线,A3 线影响较大。

3) 对商业用地影响

经调查,该路段数块用地已被征用或已有规划,主要商业用地包括南昆山慕斯嘉华用地、北京国华用地、中航用地、东莞南铭用地。

K 线占压了 2 块上述用地;A2 线占压了 1 块上述用地;A3 线占压了 3 块用地,从七星墩水库周围数块用地之间穿过,有一定分割。

A2线对南昆山商业用地影响最小，A3线影响最大。

4）对沿线经济带动作用

K线、A2线、A3线均设置一座服务型互通（南昆山互通），被交路为县道X222，主要服务南昆山生态旅游区、龙潭镇、永汉镇及沿线村庄。K线、A3线与省道S355改移工程、县道X222较近，通过南昆山互通可快速转换至省道S355、县道X222，从而带动沿线旅游发展。A2线距龙潭镇比南线更近，对龙潭镇发展较有利。目前县道X222指标低、路况差，不利于南昆山生态旅游区及省道S335沿线交通吸引与快速转换，对地方经济拉动作用大幅降低。从带动地方经济发展考虑，K线、A3线辐射区域较大，地方受益明显。

K线、A2线、A3线路线方案比较见表6-3。K线建设条件好，路线里程适中，工程规模适中，长、特长隧道规模相对小，工程造价较A2线低、较A3线高，对沿线环境敏感点影响小，互通立交设置位置辐射范围大，利于地方经济发展，地方政府赞成。A2线建设条件差，路线绕行，施工通达性差，工程规模大，施工及运营安全性差，后期运营费用高，对环境敏感点影响最小。A3线路线顺直，工程规模小，安全性高，但对七星墩水库有较大的影响，对南昆山商业用地干扰大，对环境敏感点影响最大，地方政府强烈反对。

K线、A2线、A3线路线方案比较　　　　　表6-3

项目	单位	K线	A2线	A3线
路线长度	km	16.081	16.406	15.720
平曲线最小半径	m/个	1000/2	1100/1	1000/2
最大纵坡及坡长	%/m	3/900	3/900	3/900
连续纵坡	%/km	2.39/12.8	2.22/4.59	2.46/9.2
征用土地	亩	1277	915	1106
拆迁建筑物	m²	0	6442	6160
填方	m³	252000	423000	279000
挖方	m³	1914000	1603000	2714000
桥梁	m/座	7244.5/21	5346/17	8438/24
隧道	m/座	5570/4	8539/4	3155/1
互通	—	1	1	1
造价估算	亿元	27.933	31.747	25.12

6.3.2 评价指标体系权重确定

6.3.2.1 结构参数的确定

1) 网络层数的确定

根据神经网络的特点和类似评价的经验,采用普通单隐含层的神经网络结构进行评价,包括输出层、隐含层以及输入层。

2) 节点确定

本研究建立的评价指标体系包含了 23 个具体的评价指标,所以有 23 个输入节点。本研究依据设置的评价指标对方案进行评价,所以只需要 1 个输出节点就可以完成评价,输出的结果便是综合评价值。

3) 隐含层节点数确定

作为神经网络设计中一个非常重要的环节,确定隐含层节点数对于后续进行映射非常关键。具有无限隐含层节点的任意两层 Back Propagation 神经网络均可以实现从输入到输出的非线性映射。然而当输入到输出的映射个数有限时,隐含层节点数也相应有所改变。

6.3.2.2 指标数据处理与分析

通过对资料的综合分析,得到各指标基础数据。为保证比选结果的科学性和客观性,对于设计资料中无具体数值也无参考值的指标,邀请来自长安大学、广东省公路勘察规划设计院、四川省公路规划勘察设计研究院的 5 名专家在咨询表上打分,以获取相应的指标数据。

6.3.2.3 数据及训练样本

神经网络进行的综合评价建立在大量训练样本的基础上,各样本数据有对应的得分或输出值。训练样本应该具有代表性,能够全面、综合反映描述对象的特征。通过训练学习,建造出一个新的网络来适应输入样本与目标值之间的非线性映射关系,然后进行模拟仿真,计算出目标数据的对应输出值。基于人工神经网络的生态选线方案评价就是将方案的各项指标作为输入,将方案的综合评价值作为输出,通过网络的学习和训练,建立一套新的工作网络,通过该方案的运算规则来对备选方案进行排序、评价。通过研究类似铁路选线的指标,以类似工程的路线比选数据为参考基础,构建出 100 组训练样本,此样本组具有很强的代表性,适用性和鲁棒性也基本上满足要求。目标路线的各分项得分值在表 6-4 中列出。

目标路线的各分项得分值　　　表 6-4

指　　标	K 线	A2 线	A3 线
土地节约利用	0.5	0.6	0.7
环境敏感点避让	0.5	0.1	0.5
野生动物保护	0.7	0.7	0.7
水资源保护	0.6	0.5	0.5
森林植被保护	0.8	0.7	0.7
水土流失防治	0.7	0.5	0.6
桥隧比	0.53	0.44	0.51
环保投资	0.8	0.7	0.7
拆迁面积	0.3	0.6	0.7
公众参与程度	0.7	0.5	0.6
景观协调度	0.8	0.5	0.6
节点可达性	0.9	0.5	0.6
与区域交通规划协调	0.8	0.7	0.7
对沿线地区经济拉动	0.8	0.8	0.8
对农业生态的影响	0.4	0.6	0.6
资源节约利用	0.7	0.5	0.5
路线长度	0.9	0.7	0.8
工程投资	0.8	0.7	0.6
桥梁工程数量	0.6	0.7	0.6
隧道工程数量	0.7	0.6	0.5
路基土石方	0.8	0.5	0.6
工程地质条件	0.7	0.5	0.6
地形条件	0.8	0.5	0.6

6.3.2.4 评价指标体系权重确定

评价指标矩阵的构建基于第 4 章内容,各指标权重通过相对比较法计算得出。指标及权重分配见表 6-5。

指标及权重分配表   表 6-5

指 标	序 号	名 称	权 重 值
自然环境指标	G1	土地节约利用	0.0429
	G2	环境敏感点避让	0.0492
	G3	野生动物保护	0.0453
	G4	水资源保护	0.0462
	G5	森林植被保护	0.0425
	G6	水土流失防治	0.0453
	G7	桥隧比	0.0473
	G8	环保投资	0.0404
社会环境指标	G9	拆迁面积	0.0412
	G10	公众参与程度	0.0532
	G11	景观协调度	0.0466
	G12	节点可达性	0.0517
	G13	与区域交通规划协调	0.0457
	G14	对沿线地区经济拉动	0.0433
	G15	对农业生态的影响	0.0479
	G16	资源节约利用	0.0417
技术经济指标	G17	路线长度	0.0449
	G18	工程投资	0.0432
	G19	桥梁工程数量	0.0468
	G20	隧道工程数量	0.0418
	G21	路基土石方	0.0469
	G22	工程地质条件	0.0462
	G23	地形条件	0.0432

6.3.3 方案综合优选

在所选指标中,除拆迁面积、工程投资、路基土石方等指标为负向指标外,其余均是正向指标。为方便比较,对负向指标进行处理,将其化为正向指标值,最终结果见表6-6。

各方案指标经处理后的结果　　　　　　表6-6

序　号	K线	A2线	A3线
G1	−0.517190	−0.628740	−0.580690
G2	−0.486660	−0.811110	−0.324440
G3	−0.455840	−0.569800	−0.683760
G4	−0.527050	−0.421640	−0.737860
G5	−0.685990	−0.514500	−0.514500
G6	0.383482	0.613572	0.690268
G7	0.557086	0.373910	0.742781
G8	0.577350	0.577350	0.577350
G9	0.597023	0.550797	0.583255
G10	0.883452	0.331295	0.380060
G11	−0.433560	−0.817060	0.317999
G12	0.847998	0.423999	−0.380060
G13	0.613572	0.690268	0.383482
G14	0.574367	0.646162	0.502571
G15	0.579324	0.744885	0.331042
G16	−0.568290	−0.616700	−0.544720
G17	0.685994	0.514496	0.514496
G18	−0.511540	−0.587614	0.627490
G19	0.717137	0.597614	0.358569
G20	0.552300	−0.632820	−0.542690
G21	0.630488	0.709299	0.341524
G22	0.676716	0.667616	0.290021
G23	0.349276	0.926713	0.169550

经综合比选,K线为最终选择的方案。

6.4 本章小结

本章基于第 2 章和第 3 章所梳理的理论,在第 4 章所建立的评价指标体系和路线优选模型基础上,以惠清高速公路为例进行了应用。通过专家打分和对数据的分析,确定了各指标的权重,在对各路线方案进行详细分析的基础上,基于所选的模型对各方案的密切值进行了计算和排序,最后得出了最优方案。经计算可得,所建立的优选模型应用效果较好,且对于华南山区高速公路生态选线具有一定的实践指导意义。

第7章 结 论

7.1 结 论

我国华南山区特殊的自然地理条件,对于该地区公路的建设和生态保护提出了相应的要求。随着我国高速建设公路进程的加快,华南山区高速公路的建设要想实现可持续发展,就必须落实生态选线工作。因此,建立一套合适的高速公路生态选线评价指标体系,具有一定的现实意义。

通过对华南山区高速公路生态选线的研究,得出了以下结论:

①通过对国内外公路绿色选线研究的梳理,确定了生态绿色选线的主要考虑因素和原则,并对生态选线的概念进行了拓宽。

②根据广义上的生态选项的概念,综合考虑了路线方案的选择,对自然、社会、经济以及环境的影响,并在分析这些因素影响的基础上,构建了评价指标体系。

③在对现有评价指标体系进行比较分析和筛选的基础上,以华南山区高速公路生态选址为研究对象,选用熵值法改进的密切值法,选取了最优路线方案。其中,在使用熵值法进行指标权重确定过程中,引用了密切值理论,构建了最优数学模型,并进行了运用。

④最后,为了检验所构建的模型是否具有指导意义,以广东省惠清高速公路作为应用对象,基于前期的了解和背景资料,将构建的指标体系运用于这一研究对象,并选出了最佳生态高速公路绿色选线方案,优选结果与实际情况相符,证实了本研究方案和模型具有一定的科学和实用价值。

7.2 展 望

高速公路生态选线方法仍在发展中,尚未形成成熟的方法。为了满足生态选线的要

第 7 章 结论

求,确定路线方案时需要考虑的因素非常多。影响因素的复杂性,导致了优选过程的复杂性。在这一过程中,还存在许多有待研究和解决的问题。本研究中有许多方面需要进一步完善。华南山区的环境因素十分复杂,不同建设项目对环境的影响各有差异。为了兼顾通用性,本研究在建立指标体系时只选取了比较典型的影响因素作为指标。后续研究中,所选指标应该更具针对性、更加全面。

参 考 文 献

[1] 杨少伟.道路勘测设计[M].2版.北京:人民交通出版社,2004.

[2] 吴华金.高原山区高速公路勘察设计理念与路线方案选择方法研究[D].西安:长安大学,2004.

[3] 阚叔愚,王连子,曾学贵.铁路设计理论和技术[M].北京:中国铁道出版社,1993.

[4] 许金良.《道路勘测设计》毕业设计指导[M].北京:人民交通出版社,2004.

[5] 张雨化.道路勘测设计[M].北京:人民交通出版社,1997.

[6] 宋广辉,肖永恒.公路路线方案上的比选[J].北方交通,1998,21(5):5-7.

[7] 董千里.公路建设与区域经济发展一体化规划决策的思考[J].西安公路交通大学学报,1997,17(2B):82-86.

[8] 周伟,向前忠.陕西省干线公路网发展规划后评价研究[J].交通运输系统工程与信息,2003,3(2):88-93.

[9] 刘永珍.公路建设项目施工期环境影响研究[D].南京:南京林业大学,2003.

[10] 赵康.基于环境影响的公路路线方案优选[J].森林工程,2003,19(2):21-22.

[11] 李旭宏,林小稚.公路建设项目技术评价方法探讨[J].系统工程理论与实践,1997(10):34-38.

[12] 董小林,赵方周.公路建设项目社会环境评价的公众参与方法[J].公路交通科技,1998(1):71-73.

[13] 黄淑琴.公路路线方案的多级综合模糊评价[J].中国公路学报,1997,10(3):37-44.

[14] 高建平.遥感技术在公路勘测中的应用研究[J].广西交通科技,2002(4):17-18.

[15] 刘珊.高等级公路建设与生态环境协调发展研究[D].西安:西安建筑科技大学,2002.

[16] 蔡华辉.公路工程的环境影响评价及其方法[J].交通环保,1997(6):41-48.

[17] 戴文晗,魏清,戴磊.遥感技术在公路勘察设计中的应用[J].地球信息科学,2001(3):50-53.

[18] 刘伯莹,姚祖康.公路设计工程师手册[M].北京:人民交通出版社,2004.

[19] 徐齐福,李莉莉.浅论岩溶地区公路选线[J].内江科技,2006(1):157-158.

[20] 交通部第二公路勘察设计院.公路设计手册——路基[M].北京:人民交通出版社,1997.

[21] 冯桂炎.道路选线[M].长沙:湖南大学出版社,1986.

[22] 周俊逸.铁路选线[M].北京:铁道出版社,1981.

[23] 霍明.山区高速公路勘察设计指南[M].北京:人民交通出版社,2003.

[24] 中交第一公路勘察设计研究院有限公司.公路工程地质勘察规范:JTG C20—2011 [S].北京:人民交通出版社,2011.

[25] 裴玉龙.道路交通事故成因及预防对策[M].北京:科学出版社,2004.

[26] 孙贵安.公路规划环境影响评价方法初探[J].公路,2003(12):84-87.

[27] 宋夫才,赵迁乔.高速公路建设对热带雨林环境的影响及工程应对措施[J].中外公路,2004(6):109-112.

[28] 赵剑强.公路交通与环境保护[M].北京:人民交通出版社,2002.

[29] 崔灿.加强山区公路选线设计探讨[J].建材与装饰,2012(2):161.

[30] 贾莎.关于高速公路建设与生态环境协调发展的探讨道路[J].民营科技,2012(1):182.

[31] 肖天明,刘元芳.高速公路项目建设期环境效益可行性分析优化[J].建筑经济,2010(2):98-100.

[32] 张彦峰.高速公路建设对保护生态环境可持续发展的思考[J].铁道标准设计.2008(6):1-4.

[33] 江玉林,张前进,陈学平,等.高速公路选线环境评价方法研究[J].公路,2005(7):71-75.

[34] 鲁鑫.高速铁路选线对生态环境的影响分析研究[J].环境科学与管理,2018,43(4):150-153.

[35] 陈振兴.公路选线生态适宜性分析与生态修复技术应用研究[J].道路工程,2018(2):26-31.

[36] 程朝辉,衷平.公路选线生态适宜性评价体系构建及应用[J].交通标准化,2014(2):31-42.

[37] 杨柳,张帆,周盛,等.基于3S技术的公路绿色选线方法与实践[J].公路,2020(4):74-78.

[38] 马松豪.基于GIS的公路选线环境评价体系的构建[J].黑龙江交通科技,2010(6):146-147.

[39] 王冉然.基于GIS的新农村道路选线研究[D].湘潭:湖南科技大学,2010.

[40] 李杰,薛正年,杨宏志,等.基于RS和GIS的岩溶地质公路选线生态评价方法研究[J].公路,2018(6):220-226.

[41] 余星亮.基于多属性决策理论的公路路线方案评价研究[D].重庆:重庆交通大学,2018.

[42] 李姿璇.结合道路选线的生态山地城镇建设用地适宜性研究[C]//2019城市发展与规划大会论文集.2019.

[43] 马思,杨柳.浅谈生态环境保护的公路选线方法[J].黑龙江交通科技,2008(6):4-5.

[44] 冯江,孙世军,黄宝坤.生态承载力综合评价指标体系下的公路选线优化[J].三峡环境与生态,2013(4):1-2.

[45] 冯海霞,冯仲科,张秋红.基于3S技术的林区道路选线研究[J].北京林业大学学报,2008(30):127-132.

[46] KOEMLE D, ZINNGREBE Y, YU X. Highway construction and wildlife populations: evidence from Austria[J]. Land Use Policy, 2018, 73: 447-457.

[47] FORMAN R, SPERLING D, BISSONETTE J, et al. Road ecology: science and solutions [M]. Washington, D.C.: Island Press, 2005.

[48] CHEN Y S, VIADERO R C J, WEI X C, et al. Effects of highway construction on stream water quality and macroinvertebrate condition in a Mid-Atlantic highlands watershed, USA [J]. Journal of Environment Quality, 2009, 38(4): 1672.

[49] GIPPS P, GU K, HELD A, et al. New technologies for transport route selection[J]. Transportation Research Part C: Emerging Technologies, 2001, 9(2): 135-154.

[50] YANG Q, LIU X, PENG C, et al. N_2O production during nitrogen removal via nitrite from domestic wastewater: main source and control method [J]. Environmental Science & Technology, 2009, 43(24): 9400-9406.